Conselhos
de
Preto-Velho
na Umbanda

JOSÉ LUIZ DE OGUM

Conselhos de Preto-Velho na Umbanda

2ª edição
3ª reimpressão

PALLAS

Rio de Janeiro
2015

Copyright© 2000 by:
José Luiz Lipiani (José Luiz de Ogum)

Produção editorial
Pallas Editora

Coordenação editorial
Heloisa Brown

Revisão
Léia E. Coelho

Editoração eletrônica
Vera Barros

Capa e ilustrações de miolo
Renato Martins

Todos os direitos reservados à Pallas Editora e Distribuidora Ltda. É vedada a reprodução por qualquer meio mecânico, eletrônico, xerográfico etc., sem a permissão por escrito da editora, de parte ou totalidade do material escrito.

CIP-BRASIL. CATALOGAÇÃO-NA-FONTE.
SINDICATO NACIONAL DOS EDITORES DE LIVROS, RJ.

L738c 2ª ed. 3ª reimpr.	Lipiani, José Luiz (José Luiz de Ogum) Conselhos de Preto-Velho na Umbanda/José Luiz Lipiani (José Luiz de Ogum). [Ilustrações. Renato Martins] – 2ª ed. – Rio de Janeiro: Pallas, 2015.
	ISBN 978-85-347-0185-3
	1. Umbanda. 2. Preto-Velho (orixá). 3. Aconselhamento I. Título.
00-0022	CDD 299.65 CDU 299.6.3

Pallas Editora e Distribuidora Ltda.
Rua Frederico de Albuquerque, 56 – Higienópolis
CEP 21050-840 – Rio de Janeiro – RJ
Tel./fax: (021) 2270-0186
www.pallaseditora.com.br
pallas@pallaseditora.com.br

AGRADECIMENTO DE PAI JOAQUIM D'ANGOLA

"Agradeço a meu filho e a seu guia, Pai Mané Quimbandeiro, por terem nesses últimos tempos se doado tão bem aos filhos de minha casa, fazendo por onde ser possível este livro, que agora endosso ao bem de toda a coletividade."

Pai Joaquim d'Angola
Niterói, 4 de junho de 1995

SUMÁRIO

Apresentação -- 9
Primeira Parte: O Destino Pessoal ---------------------- 11
Capítulo 1. A Doutrina da Umbanda ------------------- 13
Capítulo 2. Fundamentos da Umbanda ---------------- 18
Capítulo 3. Os Orixás e os Quatro Elementos ------- 31
Capítulo 4. A Pirâmide dos Guias e dos Orixás ---- 38
Capítulo 5. Exu, o Dono da Materialidade ----------- 44
Capítulo 6. Os Orixás Divergem e Exu Conserta -- 49
Capítulo 7. Defeitos Ocultos ------------------------------ 54
Capítulo 8. Aprendendo com os Erros --------------- 57

Segunda Parte: Os Relacionamentos ------------------- 65

Capítulo 1. A Verdade de Cada Um -------------------- 67
Capítulo 2. O Poder da Mulher -------------------------- 72
Capítulo 3. Convivência e Conflitos -------------------- 80
Capítulo 4. A Matriarca sem Poder --------------------- 86
Capítulo 5. A Eterna Criança ----------------------------- 91
Capítulo 6. Orixás e Sexualidade ----------------------- 96
Capítulo 7. Sensualidade Feminina ------------------- 103
Capítulo 8. Pais e Filhos --------------------------------- 108

Terceira Parte: Religião em Debate --------------------- 113

Capítulo 1. Quase Cem Anos de Umbanda --------- 115
Capítulo 2. Mediunidade, Obrigação e Sacrifício -- 118
Capítulo 3. Ritos e Festejos na Umbanda ------------ 123
Capítulo 4. Convivência entre Religiões ------------- 126

APRESENTAÇÃO

Existem, espalhados por todo o país, inúmeros terreiros que se propõem servir como instrumentos de aconselhamento para todos aqueles que os procuram.

Essa procura pode ser feita por três tipos de pessoas: os curiosos; os médiuns em busca de orientação; e aqueles que precisam de tratamentos específicos, que podem ir desde a desobsessão até um aconselhamento pessoal.

Essas pessoas chegam aos terreiros através do convite de amigos ou por indicação dé terceiros. Entretanto, se acreditarmos que todos nós possuímos guias protetores, certamente devemos supor que são eles que nos encaminham em qualquer momento do destino. Desta forma, os terreiros, através de seus guias incorporados, servem tanto aos homens, com seus conselhos e trabalhos, como também a seus guias, cuja missão é auxiliar os filhos-de-terra.

Este livro nasceu para falar sobre os aconselhamentos dos guias nos terreiros. Muitas pessoas que chegam ao terreiro não o fazem por sentirem fé, mas sim porque sua situação do momento assim exige: apesar da desconfiança, do medo ou do descrédito que possam sentir, elas não desejam se abrir por completo e descrever as situações que as constrangem. Sabedores disso, os guias as cercam de ensinamentos e argumentos lógicos que conseguem confortá-las.

Sendo eu um médium de incorporação consciente, durante os últimos vinte anos venho ouvindo e aprendendo com meus guias esses diversos conselhos e ensinamentos; agora pretendo passá-los aos leitores, para ajudá-los a entender as leis de Umbanda, as dos médiuns e as da vida pessoal de cada um.

Apresentarei esses argumentos em favor da fé, com a intenção de dar ao leitor condições de se visualizar, tanto no plano material quanto no espiritual.

Da mesma forma que em meu primeiro livro, *Orixás: Comportamento e Personalidade de seus Filhos*, mais uma vez tenho a intenção de contribuir para que todos se conheçam como indivíduos, para melhor servirem e serem servidos em sua coletividade.

PRIMEIRA PARTE:
O DESTINO PESSOAL

CAPÍTULO 1
A DOUTRINA DA UMBANDA

O umbandista pratica uma religião que nada cobra, pois ela espera que seus filhos sejam suficientemente inteligentes para saber que quem cobra é Deus, e mais ninguém. Se Deus deu liberdade de escolha a seus filhos, nenhum homem pode ter a presunção de reprimi-la com regras sobre o que é certo e errado, ou sobre virtudes e pecados. Quando os líderes de uma religião pretendem ditar o que é certo ou errado, o que costuma frutificar nela é a semente da hipocrisia, já que seus filhos, não querendo abandonar a religião, fingem aceitar suas regras, mas não admitem fugir do que lhes traz prazer e felicidade.

É comum ouvir-se que o indivíduo religioso deve ser temente a Deus. Eu pergunto: por que temer a Deus? Eu não o temo; eu o amo e respeito. Se eu tiver de temer alguém, será a mim mesmo e a meus atos, pois serão eles que, segundo Jesus, poderão produzir tudo de bom ou de mal no meu destino.

Esta é a correta definição do livre-arbítrio, que normalmente é tão mal compreendido pela maioria das pessoas. Muitos costumam identificar o livre-arbítrio com a liberdade de fazer qualquer coisa, o bem ou o mal, sem sofrer conseqüências; mas não é bem assim. Para esclarecer o assunto, usarei como exemplo uma consulta dada por Pai Mané Quimbandeiro, meu guia.

Sendo o consulente muito teimoso, Pai Mané disse-lhe que Deus lhe havia dado livre-arbítrio para perceber que suas teimosias davam-lhe apenas uma satisfação de momento, mas que a queda mais adiante seria inevitável. Ao ouvir o termo usado pelo guia, o consulente interrompeu:

"- Livre-arbítrio é a liberdade que Deus me dá de fazer o que quiser e pagar depois."

Pai Mané riu e respondeu:

"- Oh! Meu filho pretensioso! Está tudo errado. Em primeiro lugar, o fato de pagarmos depois cabe à lei do carma; em segundo lugar, você erra ao se achar grande demais. Quando você fala que fará o que quiser, para pagar depois, fica claro que você pensa que você mesmo está armando as armadilhas em que cairá; mas veja bem, meu filho: quem arma e armou todas as armadilhas em que você caiu foi Deus. Ele criou suas virtudes e seus defeitos; quando você administra mal esses defeitos, eles se transformam em armadilhas. Agora preste atenção. Se você encontrar seu lugar, que é o de filho da Criação, e nunca o de Criador; e se entender o que é livre-arbítrio, isso será a solução para todos os seus problemas. Veja bem: o que diferencia os humanos do resto dos animais é a inteligência. Ela serve para acumular cultura e aprendizado, e também para criar soluções práticas para qualquer tipo de problema. Se você já entendeu que não é o Criador, imagine-se como um burro. Deus o fez um burro; colocou nas pernas de trás suas virtudes, nas da frente seus defeitos e, na cabeça, a inteligência ou livre-arbítrio. Quando os defeitos teimam em não colaborar com a paz, a vida e a positividade, de nada adianta ter virtudes: as pernas da frente param e o burro empaca. E ficará empacado até que ele mesmo, usando de seu livre-arbítrio, consiga, com o auxílio da inteligência, fugir de seus defeitos e desviar-se das armadilhas que Deus colocou em seu destino. Somente assim ele terá condições de, levantando as patas da frente, dar espaço para as virtudes das patas de trás, que assim voltarão a andar na direção do bem-viver."

Assim, Pai Mané definiu o livre-arbítrio como a força de inteligência que Deus nos deu para fugir das armadilhas que ele mesmo nos armou. Talvez a melhor explicação do livre-arbítrio seja a que diz que quem usa do seu livre arbítrio com sabedoria melhora seu destino. Ainda utilizando o exemplo do burro, ao levantar as patas da frente, elas tornam-se mãos e o burro torna-se gente.

Jesus disse a seus filhos, no Monte das Oliveiras: "- ... não julgues para não seres julgado, pois o serás da mesma forma como tu o fizeres." Ao ensinar a oração do Pai-nosso, falou: "- ... perdoai as nossas ofensas, assim como nós perdoamos aqueles que nos têm ofendido." Em resumo, Jesus afirmou em seus ensinamentos que a pessoa pode fazer o que quiser, mas deve saber que tudo de bom ou de mau que fizer sempre lhe retornará.

É levando em conta essa liberdade dada por Deus que a Umbanda recomenda a seus filhos que se doutrinem a si mesmos. Não se encontrarão exemplos a serem seguidos nos sermões de padres, pastores ou pais-de-santo, mesmo que esses religiosos tenham a ilusão de que poderão resolver todos os problemas pessoais do mundo: isso é verdadeiramente impossível, já que as cabeças existentes na Terra são tantas e tão diferentes.

As únicas pessoas que devem ser usadas como exemplo são aquelas que aprenderam a respeitar a vida que Deus criou. Mas quem são essas pessoas? São aquelas que respeitam a Criação em todas as suas manifestações; que não criticam os demais e que os respeitam, sejam quais forem suas opiniões, crenças, características e situação social.

Você poderá perguntar: "- Mas como é que eu não vou criticar alguém que é totalmente oposto a mim?" E eu respondo: quando Deus resolveu humanizar a Terra, mandou para cá os diferentes orixás, que representam pensamentos opostos.

O filho de Ogum, que representa o elemento fogo e a força masculina, terá, por sua natureza, e não por gostar de confrontos, pensamentos inversos aos dos filhos de Omolu e de Nanã, que representam o elemento oposto, a terra. Ele também terá dificuldade de entendimento com as filhas de Iemanjá que, representando o elemento água, trazem a força da feminilidade, inversa à sua masculinidade.

A filha de Iemanjá, por sua vez, além dos problemas com os filhos de Ogum, terá dificuldade de relacionamento com os filhos de Oxóssi e com as filhas de Iansã, que representam seu elemento oposto, o ar.

O filho de Oxalá costuma ter as mesmas dificuldades das filhas de Iemanjá.

O filho de Xangô, por sua natureza diplomática, tenderá sempre a dar-se bem com todos, quando isso lhe convier; e a filha de Oxum é a única que, por sua natureza, dá-se bem com todos.

Essas muitas dificuldades de relacionamento mostram que dificilmente uma pessoa gostará igualmente de todos com quem precise se relacionar. Mas ninguém é obrigado a amar seus opostos; o que é necessário é respeitá-los, pois eles são a vida que Deus fez e colocou em nosso caminho.

Jesus disse no Monte das Oliveiras: "- Ame a si mesmo, como a seus semelhantes." Quando alguém perguntou quem seriam seus semelhantes, ele afirmou que seria qualquer pessoa por quem se possa sentir compaixão. Ou seja, amar somente aos familiares e amigos não traz nenhum mérito; o verdadeiro valor está em amar a todos.

Como podemos perceber, a doutrina da Umbanda é muito simples. Basta respeitar a si mesmo, não cometendo nenhuma ação que possa voltar-se contra si mesmo; e respeitar o axé de Oxalá, que é a vida, a paz e a perseverança na busca da positividade. A positividade leva à paz e esta dá gosto pela vida. Ninguém pode dar positividade a ninguém; cada um tem o poder para isso e deve fazer por si mesmo, já que essa tarefa é individual.

Aquele que não compreender que este é o único caminho para bem viver, certamente pensa que é Deus e que pode criar novas leis. Como seus semelhantes não aceitarão essas leis, isso só trará discórdia e uma vida mal vivida.

CAPÍTULO 2
FUNDAMENTOS DA UMBANDA

Este termo é comumente utilizado para referir-se aos conhecimentos necessários para o trabalho espiritual. O fundamento da Umbanda é o mesmo que forma a base para o raciocínio em astrologia, em quiromancia ou em qualquer outro saber que pretenda esclarecer a Criação divina. Os fundamentos profundos da magia só podem ser dominados por um iniciado, após décadas de trabalho espiritual; mas os fundamentos da vida são leis de simples compreensão, que os orixás e suas lendas nos ajudam a entender.

Como Deus fez sua Criação baseada na magia dos quatro elementos naturais (fogo, terra, ar e água), será nela que encontraremos a explicação para toda a magia dos principais fundamentos de Umbanda: seus axés e seus orixás.

Mas o que é axé? O que é orixá? Essas palavras são usadas com diversos sentidos; isso ocorre porque muitos não conhecem seu significado original em iorubá. Se procurarmos sua tradução exata, verificaremos que esses dois elementos se completam: não existe axé sem orixá nem orixá sem axé. O axé é o poder que o orixá exerce sobre a terra; o orixá é aquele que foi criado por Deus para ser dono de um dos axés criados por Ele.

Contam as lendas transmitidas pelos babalaôs a seus discípulos que Olodumaré (nosso Deus que mora no além), quando resolveu criar a Terra, reuniu duzentos orixás, sob o comando de Oxalá, e disse-lhes:

"- Eu vou criar um outro lugar. Vocês aí serão numerosos. Cada um será chefe e terá um lugar para si; cada um terá poder e seu trabalho próprio."

Essas palavras mostram claramente que Olodumaré deu a cada um de seus orixás o poder (axé) com o qual iria influenciar a Terra.

Como tudo que existe tem seu princípio nos elementos naturais, podemos entender que os axés também representam esses elementos e explicam sua influência. O conhecimento das características fisionômicas e de comportamento de cada elemento ou orixá permite que imaginemos qual ou quais são os orixás que reinam na cabeça de cada pessoa; este conhecimento bem utilizado evitará que uma pessoa pense que a outra está errada somente por ter um temperamento diferente do seu.

Durante as consultas esse conhecimento é importante. Toda magia se resume em respeitar os poderes que formam a vida do indivíduo, pois é neles que os babalorixás, os guias espirituais e os feiticeiros encontram os axés dos orixás para servir a seus consulentes.

Como as informações sobre nossos orixás identificam-se grandemente com os ensinamentos que nos chegam através das ciências ocultas, como a astrologia e a quiromancia, será nos elementos naturais – fogo, terra, água e ar – que encontraremos o elo de ligação entre eles.

O FOFO E O AXÉ DE OGUM

O fogo é o elemento que responde por tudo que é intuitivo, pelas forças que levam às realizações.

Sua atenção está no amanhã, no que ainda está por vir, no que fazer, no que criar, no que realizar. Quem pertence ao elemento fogo é dotado de fé em si mesmo, de entusiasmo e de uma honestidade direta. O homem ou mulher regido por este elemento está sempre pronto para lutar, para realizar e para servir, tanto no interesse pessoal como no coletivo; entretanto, como age como um rolo compressor, pode vir a ferir (mesmo sem intenção) os que são mais lentos e cautelosos, pois domina a qualquer um que queira comandar. Se seu poder de comando não for bem lapidado, essa pessoa poderá tornar-se autoritária e ditadora. Pessoas de fogo terão sempre facilidade em conviver com os do elemento ar, certa dificuldade com os de água e muitas incompreensões com os de terra, pois terra e fogo são opostos. Esta polaridade, por si só, basta para explicar as dificuldades encontradas no convívio entre os orixás do elemento fogo (Ogum, Xangô e Oxalá) e os de terra (Omolu e Nanã).

A influência do elemento fogo é o poder do Orixá Ogum; mas as influências secundárias dos demais elementos criam os sete tipos de Oguns que existem.

Normalmente, quem carrega esse axé tem uma ou mais das seguintes características: o queixo é pontudo, formando um triângulo com os ossos salientes da bochecha; a testa é arredondada, os olhos são separados, a boca é grande, o nariz é curto e as sobrancelhas são inclinadas para junto do nariz. A voz tem timbre grave e retumbante.

Essas pessoas têm como características a criatividade, a imaginação intuitiva, o raciocínio rápido, a fé em si mesmas, entusiasmo, otimismo, honestidade, impaciência, agressividade, necessidade de liberdade e coragem; detestam ações repetitivas, gostam de liderar, de novos empreendimentos, de esportes e do sexo. Ogum é o dono das estradas que levam a todos os lugares.

A magia desse orixá é dona de todas as formas de vitória física: guerras, perseguições, demandas carnais ou espirituais, brigas e sexo. Esse poder cria a cor vermelha e os perfumes de hortelã, sândalo e camomila.

A TERRA E O AXÉ DE OMOLU

O elemento terra é o inverso do anterior. Se o anterior vivia para o amanhã, este está atento, não apenas para o hoje, mas principalmente para o agora. Não se apega a nada que não seja sólido e prático; nunca se deixará envolver por alguém que não seja de extrema competência e confiança pois, como tem seus pés fixos na terra, fará ressalvas a todos os que voam nas asas da imaginação (os de fogo), ou de pensamentos não comprovados (os de ar). Os que são regidos por esse elemento possuem uma paciência inata e uma alta disciplina que lhes garantem sucesso no mundo prático e material; porém, se seu lado cauteloso, convencional e premeditado passar das medidas, a pessoa correrá o risco de ter uma visão limitada da vida. Como este elemento é o contrário do fogo, poderá vir a suprimir demasiadamente os pensamentos intuitivos e renovadores, com isso podendo ter problemas de convívio com os outros. A pessoa de terra sentir-se-á mais confortável com as que são cio elemento água.

O elemento terra, em sua maior intensidade, identifica-se com os orixás mais velhos (Omolu e Nanã), os quais primam pela procura da segurança; aqueles que levarem ao exagero tal desejo, correrão o risco de se tornar sovinas e avarentos. Quando o elemento terra exerce sua influência em um plano inferior, a característica dominante é a vaidade; agora a pessoa sente prazer em mostrar suas posses, em vez de escondê-las. Os filhos dos orixás vaidosos, como Xangô, Oxum e Iansã, têm, quase sempre, este elemento influenciando seus atos, mesmo que em um plano não muito evidente.

A influência do elemento terra é o poder dos Orixás Omolu e Nanã Buruquê. Normalmente, quem carrega este axé tem o rosto descarnado, quase só pele e osso. O queixo é recuado e com a extremidade reta. As sobrancelhas são bem afastadas e inclinadas para baixo na direção das orelhas. Os olhos e a boca têm os cantos externos inclinados para baixo. O nariz é adunco e a testa é recuada e reta. A voz tem timbre arrastado e desafinado.

Essas pessoas gostam do momento presente e dos raciocínios práticos e comprovados; nunca se arriscarão por algo ainda não testado. São pacientes e auto-disciplinadas; se impõem através do trabalho; são autoritárias e nada maleáveis quando se vêem envolvidas em riscos materiais. Sabem ganhar a vida e guardar os ganhos; são ambiciosas, cautelosas, detalhistas, convencionais, muito desconfiadas. Gostam de sentir-se seguras, o que é muitas vezes confundido com falta de coragem. São responsáveis, prudentes, realistas. Têm pouca fé em si mesmas, preferem as soluções duradouras, que dão prestígio social, carreira e reputação.

A magia de Omolu reina sobre todas as almas desencarnadas; ele domina a morte, as doenças e a sua cura. Tem no cemitério seu local de atuação. Esse poder cria a cor preta e os perfumes de âmbar e cânhamo.

A ÁGUA E O AXÉ DE IEMANJÁ

Sendo este elemento feminino, a água é comparada à semente de todas as mulheres. Este elemento, sem dúvida, consegue ser simultaneamente o mais forte e o mais fraco cie todos. O mais forte porque, quando a água segue a caminho do mar, nada consegue pará-la. Ela poderá, no máximo, ficar represada às vezes, por algum motivo; mas nunca será barrada indefinidamente. Este modo de caminhar demonstra o quanto a pessoa de água será sábia ao lidar com diferentes pessoas e circunstâncias; e quão obstinada será em vencer e servir.

Porém, é comum a pessoa de água mostrar-se fraca: não sabendo administrar seu poder, sentirá necessidade do apoio de terceiros.

O elemento água abrange tudo que se refere ao sentimento e à emoção. Abraça desde a paixão mais arrebatadora até a mais sutil das emoções; é aliado do cuidado e do amor nos níveis pessoal, familiar e social. O sentimento estará presente na base de qualquer decisão ou pensamento.

Essa pessoa, não tendo facilidade com a lógica e com o pensamento analítico, característicos do elemento ar (que é seu oposto), poderá vir a ser muito insegura. Esta insegurança, aliada a uma grande capacidade de persuasão, fará com que, às vezes, procure submeter seus parceiros ou familiares à sua vontade, de forma preventiva, para defender-se de prováveis dificuldades de comando. Essas pessoas preferem oprimir seus companheiros, não lhes dando liberdade nem voz. Sua insegurança fará com que se sintam melhores ao lado dos regidos pelo elemento terra que, por sua natureza, primam pela segurança material. Terão algumas restrições ao elemento fogo e muitas dificuldades com o ar.

Da mesma forma como a polaridade fogo-terra explica as demandas entre certos Orixás, aqui vemos novamente que a polaridade entre água e ar define as dificuldades encontradas por Iemanjá e certas Oxuns (de água) em relação a Oxóssi e Iansã (de ar).

Para terminar, podemos dizer que a religiosidade é mais presente na cabeça dos que são regidos pelos sentimentos, do que na dos que se baseiam nos pensamentos lógicos e analíticos.

A influência do elemento água é o poder de Iemanjá; as influências secundárias dos outros elementos criam os sete tipos de Iemanjá que existem.

Normalmente quem carrega esse axé possui bochechas cheias, que dão ao rosto um feitio arredondado; os olhos são próximos, o nariz é fino, a boca é pequena; o queixo tem a ponta arredondada; as sobrancelhas e a raiz do cabelo são retas. A voz tem timbre adocicado.

Essas pessoas se caracterizam por interpretar tudo pelos sentimentos, não admitindo a lógica e resolvendo tudo de acordo com o gosto pessoal; necessitam estar envolvidas emocionalmente com tudo à sua volta, adoram a vida familiar e dela tiram seu gosto de viver. Vêem a todos como seus filhos; serão práticas conforme a necessidade de segurança de seu lar, sendo capazes de suportar constrangimentos em nome dessa segurança; porém, quando sentirem-se extenuadas, voltarão as costas para tudo e todos que representam seu martírio. Possuem uma forma de teimosia que gera vencedores ou ditadores. São sensíveis, têm um sexto sentido apurado, são emocionalmente instáveis. Não conseguem pôr fim a um desentendimento passado, pois relembram situações findas há muito tempo e se amarguram com elas. Seu humor ou ânimo dependerá de suas vontades de momento.

A magia de Iemanjá comanda a maternidade, a família e tudo que envolva o comando familiar ou de um pequeno grupo social. Seu local de atuação é o mar. Sendo filha de um tipo de Oxalá, identifica-se com a cor branca, mas sua cor é a azul. O poder de Iemanjá cria os perfumes de lírio e almíscar.

O ar e o axé de Iansã

Este elemento pode ser considerado como o dono do pensamento. A razão de viver do regido pelo ar é interagir com tudo e com todos que possam pensar ou fazê-lo pensar. Comunicar-se é o seu lema. Tudo que for abstrato e lógico está presente no seu dia-a-dia. Enquanto o regido pelo fogo está sempre desejando algo concreto que está por vir, o do elemento ar pode vir a focalizar seu raciocínio naquilo que ainda nem se materializou. Por causa desse comportamento, os indivíduos de ar são qualificados como sonhadores sem senso prático; mas muitos deles estão entre os principais ganhadores de prêmios científicos. São os pensadores que a sociedade costuma chamar de excêntricos ou fanáticos; mas sua procura por idéias próprias é tal, que eles podem conseguir mudar o mundo.

Por serem imparciais em relação a tudo que ocorre no meio em que vivem, os regidos pelo ar são os mais sociáveis entre os seres humanos; podem trabalhar e conviver com qualquer um, pois sabem admirar as qualidades dos opostos fogo/terra e também os sentimentos de água. Porém, se a água tentar usar com os do elemento ar seu mecanismo típico de comando e defesa, o poder de persuasão falhará pois, se a água encontra na terra seu berço e se, de certa forma, consegue apagar o fogo, nunca conseguirá abraçar ou extinguir alguém que está acima de suas corredeiras. O gosto pelas demandas é a atitude dos que procuram comandar no mundo material; nada tem a ver com quem ama o mundo das idéias e dos ideais.

A influência do elemento ar é o poder de Iansã. Geralmente, quem carrega este axé traz em si uma beleza especial, em que predomina a sensualidade. Seu maxilar é quadrado; a boca e os olhos são bem desenhados, sempre com as terminações voltadas para cima; o nariz é comprido e as sobrancelhas formam um arco, da mesma forma como a raiz dos cabelos também desenha um arco em sua testa. Os traços mais fortes de sua fisionomia são as sobrancelhas arqueadas e compridas, seu queixo e o sorriso que define as bochechas altas e faz brilharem os olhos. Sua voz não costuma ser muito agradável mas, quando acompanhada do charme e da sedução, passa a ter um tom interessante e charmoso.

Essas pessoas gostam de raciocinar sobre tudo e todos, de conhecer e classificar as coisas e lugares. São imparciais, joviais e sociáveis, mas são também superficiais; falam sempre dos conhecidos como se fossem seus melhores amigos. Esse enorme gosto por relacionar-se enfraquece seu eu; envolvente e sedutora, essa pessoa saberá conduzir a todos sem que precise mandar neles.

A magia de Iansã domina o ar e tudo que ele contém; assim, é dona dos raios, dos ventos e das almas que o povoam. É por isso que ela é conhecida como carregadeira de Eguns (almas desencarnadas, que ainda estão por completar seus destinos de morte). É aquela que é capaz de afastar ou encaminhar as almas perdidas. Esse poder cria a cor amarela e os perfumes de flor do campo e rosa.

Combinação fogo e terra, e o axé de Xangô

Ninguém é regido apenas por um elemento. Pode existir um grande número de combinações entre eles, e esse número pode ser multiplicado muitas vezes mais, devido às diferentes intensidades com que cada elemento pode se apresentar. Duas pessoas podem sofrer a influência dos mesmos elementos na mesma ordem de importância e ser bem diferentes, dada a intensidade diferente deles.

A combinação entre os elementos, com o predomínio do conjunto fogo e terra, faz o poder de Xangô. As várias combinações possíveis criam os doze tipos de Xangós existentes.

A pessoa influenciada por este conjunto terá em seu interior uma luta constante de idéias, já que seus dois elementos pensam e agem de formas opostas. Essa situação produzirá tanto pessoas que se sentem perdidas, sem saber aonde ir ou o que fazer, quanto os grandes homens que conseguem cultivar em si todos os predicados necessários para comandar os demais. Quem carrega este axé pode ter aparências variadas, decorrentes das inúmeras possibilidades de combinação dos dois poderes. Aqueles que sobressaem no terreno do poder terão a testa arredondada e o nariz curto do elemento fogo, junto com o crânio pontudo e o queixo recuado do elemento terra; poderão ter também o queixo ou o rosto arredondado de água, com as extremidades das sombrancelhas caídas para o nariz ou para as orelhas.

As características dessas pessoas não são bem definidas; aquelas que souberem ser tolerantes e aprenderem a viver para a coletividade serão suficientemente diplomáticas para chegarem a posições de mando; serão muito respeitadas, já que conseguirão reunir a força da criatividade com a possibilidade real de se desenvolver e a força da fé em suas próprias possibilidades com a responsabilidade necessária para não se perder no caminho. Assim, conseguirão reunir em si o necessário para realizar qualquer ambição ou desejo. Seu principal defeito será o de considerarem-se imbatíveis, o que poderá torná-las grosseiras e autoritárias.

Sua magia domina as leis, os acordos, os papéis, as riquezas e os poderosos. Seu local de atuação é a pedreira e sua cor, sendo a mistura do vermelho do fogo com o preto da terra, é o marrom.

Combinação da presença de água com ausência de fogo: axé da Oxum

Quando o elemento água predomina e o fogo é fraco ou ausente, forma-se o poder de Oxum. As diferentes combinações possíveis entre os elementos criam os dezesseis tipos de Oxum que existem.

Quem carrega este axé pode ter aparências variadas, já que ele pode compreender inúmeras possibilidades e combinações. Entretanto, seu rosto deverá sempre ser meigo, serviçal, suave, jovial e sensualmente bonito, já que nele, entre as diversas influências, a que mais se destaca é a da água, que traz o amor, a sensibilidade e a preocupação com os demais, sendo ausentes o autoritarismo, a agressividade, a impaciência e a grosseria do fogo. Suas sobrancelhas serão retas e altas. As bochechas serão suaves, planas, e seu rosto terá formato retangular.

Seu axé maior, a fertilidade, tem muito a ver com o local dos seus domínios: as nascentes e as cachoeiras de onde brotam as águas doces trazem a fertilidade para as terras e para as mulheres. Assim como suas águas são doces, da mesma forma esse axé suavizará corações e sentimentos, tornando-se regente de todos os amores. Sua cor é azul-celeste.

Combinações com predominância do ar: axé de Oxóssi

Quando encontramos a combinação de todos os elementos com a predominância do ar e ausência de agressividade, temos o poder de Oxóssi.

Suas possibilidades de aparência também são muitas, mas deverão ter aspecto jovem, leve e desprendido. Destaca-se o queixo proeminente, o nariz comprido e as sobrancelhas arqueadas em um rosto tranqüilo e retangular. As características dessas pessoas serão as mesmas das do elemento ar, porém serão menos críticas e confusas. Sua magia domina a criatividade, a liberdade de movimentos e de idéias, o raciocínio e o gosto pela aprendizagem e pelas amizades com outras pessoas. Seu local de atuação é a mata. Sua cor é o verde, mistura do amarelo do ar, com o azul da água.

Combinação de todos os elementos: axé de Oxalá

Falta-nos falar de Oxalá, que não ficou para o final por acaso. Sendo ele o filho de Deus, seu axé será de um plano superior e não está preso somente a um dos elementos. Por isso, sua cor é o branco, já que esta abrange todas as cores. Sua magia domina a sabedoria de bem viver, a paz, a vida e a tenacidade na busca do que é positivo. Quem carrega este axé costuma ter rosto estreito e orelhas grandes; apresenta fisionomia madura, serviçal e amável, mas distraída, como que perdida; dificilmente o filho de Oxalá consegue viver bem nesta terra de tantos contrastes, em que o egoísmo prevalece.

SINAIS APARENTES DOS ELEMENTOS

O elemento natural que predomina na cabeça de um indivíduo também pode ser observado pela tonalidade da palma da mão, da seguinte forma: se a mão for escura, a influência será de fogo; se for vermelha, indicará o ar; se for amarela, mostrará regência de terra; se for branca, indicará a água. Tonalidades misturadas ou intermediárias sugerem regência combinada.

CAPITULO 3
OS ORIXÁS E OS QUATRO ELEMENTOS

O conhecimento que descrevi no capítulo anterior não me foi entregue com facilidade; precisei raciocinar durante alguns anos sobre o assunto. Mas o mais digno de atenção é a forma como tudo começou.

Depois de compreender que os elementos naturais eram relacionados aos orixás, tentei por muitas vezes armar o quebra-cabeças dessa relação; ao desistir, procurei Pai Mané Quimbandeiro. O guia, com dó da minha ignorância, falou com toda a simplicidade:

"- Pega o papel e escreve em forma de cruz, meu filho: fogo em cima, água embaixo, ar e terra no meio. Agora presta atenção. Se tu sabes que o elemento água se identifica com a Lua, regente de Câncer, que é considerada a mãe de todos nós, é fácil imaginar que, ligando os pólos da cruz como uma roda, teremos a mãe embaixo, depois o ar, que será a idade jovem, o fogo, que é a idade adulta e, por último, a terra, que é a idade avançada.

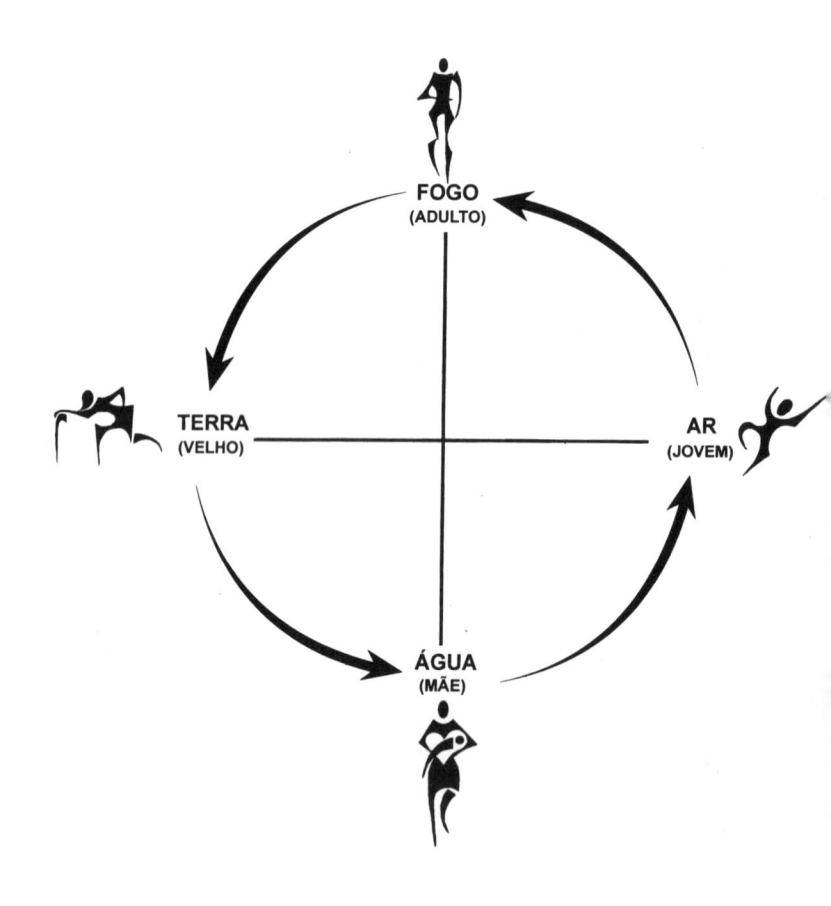

CRUZ DOS QUATRO ELEMENTOS

Sendo assim, se o fogo representa a masculinidade tanto na ação como na idade, escreva em fogo todos os Orixás adultos masculinos."

Escrevi no local indicado os nomes de Ogum, Xangô, Oxalá e Exu. Continuando a explicação, Pai Mané disse:

"– Agora, coloque as seguintes observações: ao lado de Ogum escreva que ele não deve ter o elemento terra. Ao lado de Xangô, coloque como obrigação que tenha terra. Ao lado de Oxalá coloque como obrigação que tenha a água. E, ao lado de Exu, que ele não deve ter o elemento água. Junto ao ar, coloque Oxóssi, que todos sabem ser jovem de espírito e de atitudes, não fazendo nenhuma objeção em se fundir com os outros elementos; e Omolu em terra, tendo como observação que não deverá se combinar com fogo.

O raciocínio para os Orixás femininos seguirá a mesma forma que foi utilizada para os homens: colocaremos os Orixás adultos (Iemanjá e Oxum) em água, enquanto a jovem Iansã ficará no ar e a anciã Nanã Buruquê em terra. A elas acompanharão as seguintes ressalvas: Iemanjá terá como condição que se combine com o elemento fogo e a Oxum o inverso, que não tenha essa agressividade; Nanã não terá restrição alguma para se unir aos outros elementos e Iansã dificilmente será acompanhada pelo elemento água, ou poderá tê-lo de forma enquizilada."

A seguir, sabendo já ter-me dado a ajuda de que tanto precisava, e com sua pressa natural, o guia mudou de assunto e mandou que entrasse seu consulente.

Quanto a mim, de posse do diagrama que tudo me esclarecia, passei a render homenagem a meu guia, dizendo aos sete cantos do mundo que ele era "o tal". O mais engraçado, entretanto, é que, quando ele voltou a descer, no próximo dia de consulta, pôs-se a gargalhar, dizendo que o desenho que descrevera não era de sua autoria e que, se não fosse a luz que lhe trouxera aquele papel, ele teria passado por um mau momento.

Foi esse diagrama que me deu condições de tecer os comentários sobre os orixás apresentados a seguir.

OGUM: é fogo sem terra. Os filhos do fogo estão sempre dispostos a ir longe, a desejar, a arquitetar planos para atingir seus intuitos. Eles são teimosos e, não tendo a terra como freio, ficam desligados do que é material, correndo o risco de não se preocuparem com dinheiro, alimento, lar ou outros assuntos práticos. Umas das mais importantes lendas de Ogum demonstra justamente isso; conta ela que Ogum, fazendo-se rei da cidade de Iré, em vez de ficar em seus domínios vivendo a vida comum aos nobres, preferiu coroar um de seus filhos e voltar á sua vida de conquistas e aventuras.

É quase insuportável para Ogum viver uma vida pacata e convencional. O filho de Ogum dificilmente trocará, por vontade própria, as aventuras e as lutas por algo que lhe pareça maçante e repetitivo; quando o faz, é para cumprir uma obrigação social.

Outro aspecto de Ogum é sua falta de vaidade. Ele pode apresentar-se bem, porém não com o *glamour* dos verdadeiros vaidosos pois, na ausência do elemento terra, não haverá gosto em mostrar suas posses, mas sim suas ações.

O maior problema do filho de Ogum sem freio é quando o desejo de empreender torna-se uma obsessão tão grande, que passa a ser um fardo; ou quando, não medindo sua agressividade, perde a capacidade de tratar bem seus semelhantes, tornando-se rude, grosseiro e insensível.

XANGÓ: E fogo com terra. Esse Orixá aparece, em todas as lendas, como o rei-conquistador. Aí já encontramos a combinação do administrador de recursos, o supervisor burocrático, com o aventureiro aliado às idéias de vanguarda e de renovação.

Embora esses dois elementos sejam opostos, desde que sejam sanadas as diferenças psicológicas, o filho de Xangô terá tudo para vencer e revestir-se de poder e vaidade.

O fato de que os opostos não se harmonizam, explica por que Xangô não se dá bem com Omulu. Comparando os dois, pode-se dizer que Omulu será mais ríspido no falar e Xangô será mais diplomático; porém nenhum dos dois poupará cabeças em sua luta pela própria segurança ou pela de terceiros.

OXALÁ: É fogo com água. Os filhos desse Orixá têm uma visão de mundo que os diferencia dos demais pela sensibilidade em relação às artes, à beleza e à religiosidade. O somatório da obstinação do fogo com a sensibilidade apurada da água torna possível tal situação psicológica. Isso, porém, não resulta necessariamente em sabedoria; pelo contrário, eles poderão vir a tornar-se pessoas difíceis, por não se adaptarem a um universo regido, de certa forma, por opostos. Entretanto, se esse indivíduo aprender a conviver com tais diferenças, saberá como ninguém servir ao próximo. Muitos filhos de Oxalá têm um espírito religioso que destoa da moderna sociedade materialista; entregam-se a missões filantrópicas de um modo que somente a combinação da obstinação do fogo com o sentimento da água e a vontade altruística dos dois elementos pode explicar.

EXU: É fogo sem água. De acordo com o diagrama, este é o oposto de Oxalá. A água, com seus sentimentos, não tem lugar na cabeça de Exu ou na de seus filhos, pois este Orixá foi criado para cumprir qualquer tarefa que lhe seja dada, não podendo ficar à mercê do constrangimento criado por remorsos ou dó. Entretanto, a ausência do elemento água não torna esse indivíduo insensível; simplesmente o que ocorre é que ele não pode compreender os sentimentos sob o aspecto adocicado da água, mas sim pelo lado prático da terra, pelo lógico do ar ou pelo aventureiro do fogo.

Isso não pode ser considerado um defeito; muitas das pessoas que não possuem o elemento água podem, por observação, imitar o comportamento afetivo dos demais, mesmo sem dar-se conta disso; mas isso nunca será visto como um comportamento natural, já que realmente não o é. Tal pessoa, se não souber comprender o que a diferencia das demais, poderá mergulhar em um "mar sem água" (um mundo emocional falso), o que a tornará descrente dos próprios sentimentos. Perdendo o respeito por si mesma, passará também a não respeitar sentimentos e emoções alheias.

Certamente essa figura intrigante, constrangedora e sagaz, pode simbolizar um filho de Exu.

OXÓSSI, OMOLU E NANÃ BURUQUÊ: esses dois extremos, o ar e a terra, representam o novo e o velho. Eles não se opõem a nenhum elemento, já que são de natureza conciliatória. Entretanto, como o fogo e a água são elementos mais ativos que o ar e a terra, estes últimos deverão aparecer com maior intensidade para que possam influenciar com primazia a cabeça de seus filhos.

IANSÃ: é ar sem água ou com quizila com água. Este orixá, que sempre se apresenta como jovem, não poderia deixar de ser colocado na primeira idade (o ar). Mas o que mais chama a atenção nele é esta dualidade: ser diferente por ser uma mulher sem o elemento feminino (água) ou ser uma mulher em guerra com o elemento feminino.

De todos os orixás aqui comentados, o que mais se assemelha a Iansã é Exu pois, além de ter quizila com a água, também é jovem. Assim tudo que foi dito para Exu se aplica a Iansã, com duas ressalvas; primeiro, que agora estamos tratando de um mundo feminino; segundo, que todo o lado perverso de Exu deve ser descartado.

OXUM: É água sem fogo. Este orixá se caracteriza por ser a mais doméstica das iabás. Embora sendo de natureza sentimental, é na ausência do fogo que encontraremos as razões de suas principais características, já que é isso que as torna benevolentes.

As filhas das Oxuns encontram suas dificuldades na necessidade de se apoiarem em alguém e na tendência para as lamúrias e reclamações infindáveis, na falta de ânimo e de confiança em si mesmas, na falta de otimismo e no risco de ter diminuída a fé, já que tudo isso é decorrente da ausência do elemento fogo.

IEMANJÁ: É água com fogo. Nossa mãe maior, a dona do axé da maternidade, só saberá comandar os seus pelo gosto pessoal e pelo sentimento, mesmo que isso venha a se tornar a semente de toda a parcialidade humana.

Essas explicações devem deixar claro, aos crédulos e aos que têm fé na Criação de Deus, que as dife-renças entre os homens não podem em hipótese alguma servir de motivo para guerras e demandas, e que o melhor remédio para todos os males é a positividade em ações e pensamentos.

CAPÍTULO 4
A PIRÂMIDE DOS GUIAS E DOS ORIXÁS

Para podermos iniciar qualquer estudo sobre nós mesmos, precisamos definir o que em nós é mais importante. Nós somos rosto, corpo, costumes, manias; mas somos, principalmente, cabeça. Somos o que pensamos, o modo como raciocinamos, como planejamos a vida; e sem isso nada mais tem sentido. Basta lembrar que a morte cerebral é a única que não tem solução.

A respeito desse assunto, meus guias costumam perguntar às pessoas:

"– Quem pensa em sua cabeça?"

Normalmente seguem-se alguns instantes de dúvida, antes de virem as explicações.

Dizem os guias que o Criador, antes de criar os homens na Terra, criou os que os comandariam. Assim, fez primeiramente seu filho, Oxalá; depois, Orumilá, que saberia sobre todos os destinos dos homens na Terra; a seguir, criou os orixás e todas as Linhas e Falanges que os servem; e, por último, criou os homens.

Desta forma, pode-se dizer que, por cima da cabeça de cada ser humano, existe uma pirâmide de influência espiritual que começa pelo Criador e termina com os guias e protetores que agem direta ou indiretamente sobre nossos pensamentos.

Como ficou demonstrado nos capítulos anteriores, os axés dos orixás abrangem todo o nosso universo de pensamentos: tudo que pensamos tem dono, nada é somente nosso. Sabendo disso, resta-nos respeitar nossos parceiros orixás, para que possamos usar de modo cada vez melhor os axés que nos são ofertados.

A ação da pirâmide se faz da seguinte forma: cada orixá representa uma força. O que chamamos de nosso senso de justiça é Xangô; nossa fertilidade é Oxum; a maternidade é Iemanjá; a criatividade é Oxóssi; a sabedoria é Nanã; a saúde e a doença são Omolu; as idéias e os ideais são Iansã; o espírito de luta é Ogum; nosso espírito de paz é Oxalá.

O CRIADOR

- OXALÁ E OS ORIXÁS
- LINHAS E FALANGES DE ESPÍRITOS ADIANTADOS
- EXUS E QUIUMBAS

TERRA

A PIRÂMIDE DOS GUIAS E DOS ORIXÁS

Um ponto que deve ser bem entendido é a quem pertence cada axé. Certa vez presenciei um fato, em uma festa ao orixá Ogum, que explica claramente isso. Ao lado da mesa com as oferendas ao santo guerreiro, estava Pai Joaquim d'Angola, que comandava a gira. O guia explicou aos presentes que, quando fossem ao gongá para fazer suas louvações e seus pedidos, deveriam concentrar-se no axé de Ogum. Nesse momento, ele voltou-se para os filhos da casa e perguntou a cada um o que iria pedir. O que se ouviu da maioria foi que iriam pedir segurança, paz e saúde. Pai Joaquim mostrou que todos estariam errando pois, em vez de pedirem a sabedoria de quem comanda e força para não se deixar atingir ou derrotar (que são os axés de Ogum), estariam pedindo segurança, que é de Exu; paz, que é de Oxalá; e saúde, que é de Omulu.

Não devemos pensar, por exemplo, que é a Deus e a seu Filho que devemos pedir tudo que desejamos; ele próprio ensinou-nos que não devemos dizer seu nome em vão. Então, por que deveríamos importunar o grande e poderoso Oxalá, o Filho de Deus, se este trouxe com ele tantos outros orixás para servir-nos em áreas específicas? Não devemos ser pretensiosos a ponto de pensarmos que, somente porque todos somos seus filhos, o Poderoso deverá abandonar seus inúmeros afazeres para nos olhar e dar atenção sempre que quisermos.

Fiéis de diversas religiões, para provar sua fé, desejam ser agraciados com um milagre; por exemplo, eles rogam aos pés de Oxalá, dêem-lhe o nome que quiserem (Jesus, Buda etc.), pela cura de um parente ou amigo, em vez de pedir a Omolu, que é o dono da saúde, da doença e da morte. Este não fará o milagre desejado, pois essa pessoa está cumprindo seu destino; mas será capaz de facilitar-lhe o que lhe resta de vida e até de prolongá-la na medida do possível.

É espantoso como certas igrejas invocam o diabo ou entidades semelhantes. Estes são espíritos comuns que, como nós, estão à procura de evolução; se são indesejados, não é em nome de Oxalá que se deveria pedir seu afastamento, mas sim em nome de Iansã, que é a dona deste poder.

Quando pedimos dinheiro, segurança e facilidades materiais, também é impróprio usar o nome de Deus, já que este é um caso para Exu. Para muitos outros pedidos que fazemos, também temos a quem recorrer, sem precisar pronunciar em vão o nome de Deus.

Os orixás moldam nossa personalidade

Todos os orixás são nossos pais, já que vem deles tudo o que temos. Mas seus axés não estão uniformemente distribuídos em nossa vida: eles seguem, de acordo com sua influência em nosso pensamento, uma ordem que dá ao orixá mais importante de 50% a 70% do total da influência; ao segundo, de 15% a 30%; ao terceiro, algo em torno de 15%; e, aos restantes, uma importância cada vez menor. Isso compõe a personalidade que cada um terá.

Quando se diz que alguém é filho de um orixá, isso indica que esse orixá exercerá grande influência sobre sua cabeça. Se esse orixá tiver em seu axé a jovialidade, a maturidade ou a longevidade; se for de guerra ou de paz; se for de perdoar ou de contra-atacar, seu filho, estando muito envolvido por seu axé, moldará assim seu caráter e sua personalidade, mesmo sem intenção de fazê-lo.

Podemos então dizer que um filho-de-terra será o resultado da influência de seu primeiro orixá, temperado pelos axés do segundo e do terceiro donos de sua cabeça. Esta forma de interpretar o modo de ser de cada pessoa é praticamente idêntica à da astrologia. Nela se diz que o caráter e a personalidade de uma pessoa são formados a partir da união das características zodiacais do Ascendente, dos signos e das casas onde se situavam a Lua, o Sol, Mercúrio, Vénus e Marte no momento do seu nascimento. Em outras palavras, a forma de ser de um homem é composta por 50% a 70% de influência de seu signo natal, 15% a 30% de influência de seu Ascendente e os restantes 15% de influência ficam para os demais aspectos a observar.

Bem, depois que os guias explicam como somos, muitos consulentes começam a imaginar erroneamente que todos os seus erros e acertos são provenientes de seus orixás. O preto-velho, então, explica que nossos pais-de-cabeça não nos impõem comportamentos certos ou errados; o que eles nos dão é sua influência. Por exemplo, a influência que dá a voluntariedade pode manifestar-se como tendência para a pessoa querer ter tudo sem medir as possibilidades, ou como a força que não permite esmorecer na perseguição de um objetivo útil e necessário; a influência que dá o poder de comando e de superioridade pode manifestar-se como tendência para usar e pisar os comandados, ou como o modo de conduzi-los acertadamente; a influência que dá o desejo de criticar-se pode aparecer como tendência ao pranto e à melancolia, em vez de servir como ponto de concórdia e paz. Como essas, muitas outras escolhas de nossas vidas são de responsabilidade única de cada um de nós; é como se os orixás nos dessem sua influência sob a forma de uma balança de dois pratos: a queda da balança para o prato positivo ou para o negativo dependerá da consciência, da inteligência e da vontade de evolução de cada um.

CAPÍTULO 5
EXU, O DONO DA MATERIALIDADE

Voltemos agora à pergunta inicial: quem pensa em sua cabeça? Anteriormente, falamos somente a respeito do topo da pirâmide. Se começarmos a descer por ela, veremos primeiramente os guias de luz superior, que em nada irão modificar a influência de nossos orixás; na base da pirâmide, porém, encontraremos os guias-exus e os quiumbas. Esses espíritos, além de fazerem a ligação entre o homem e seus orixás, têm enorme importância porque, ao contrário dos anteriores, que nada fazem para nos atrapalhar, estes têm vontade própria: por estarem na base da pirâmide, junto de nós, também estão à procura da evolução. Seu papel é muito importante para nós. Se reconhecemos que eles têm vontade própria e também um certo gosto por criar intrigas e situações constrangedoras, e se sabemos que eles também pensam em nossa cabeça, entenderemos que será uma atitude irresponsável e até perigosa desrespeitar esse companheiro-guia.

Os pretos-velhos, tão conhecidos e freqüentemente vistos comandando giras, estão hierarquicamente acima dos guias-exus. Se estes últimos já estão muito mais adiantados do que os encarnados, imaginem o quanto estarão esses velhos! Entretanto, eles chegam ao terreiro com a declarada pretensão de se mostrarem pequenos para, através da humildade e da sabedoria, poderem ajudar, tanto a nós, quanto a nossos guias-exus; e, com a ajuda destes últimos, que são a ligação entre os homens e os deuses, os pretos-velhos ajudam aos filhos-de-terra, nos diversos assuntos relacionados aos axés que os envolvem. O preto-velho não é obrigado a dizer ao consulente que o está servindo através deste ou daquele axé de orixá; porém, como esses guias são "milongueiros" (feiticeiros), sabem melhor que ninguém utilizar os ingredientes de magia da vida criada por Deus.

É esta a real finalidade dos pretos-velhos nos terreiros. Onde estiver um preto-velho, estará alguém que diz ser um nada, mas que estará fazendo tudo que é necessário, mesmo que os olhos humanos não o vejam. Onde estiver um velho, estará um zelador de santo, aquele que não pedirá nada para si, mas sim para os protetores e orixás do consulente, a fim de que este, harmonizado com o axé de seus orixás, tenha uma vida melhor.

Falaremos adiante sobre a importância que deve ser dada ao conjunto formado pelo homem e seu guia-exu. Uma analogia com a astrologia pode servir para mostrar a importância do guia-exu em nossas cabeças. Os astros têm sua influência medida simultaneamente por seu tamanho e por sua distância em relação à Terra. O Sol, o representante da vida, o maior dos axés, é infinitamente maior do que a Lua; entretanto, é ela quem mais nos influencia em nosso cotidiano, por conta de sua maior proximidade. Da mesma forma, do topo da pirâmide sai tudo que envolverá nossa vida; mas é da base que, por causa da sua proximidade, sairá uma enorme força intuitiva, que poderá ajudar ou atrapalhar nossos pensamentos.

Em relação a esse assunto, meus guias dizem que o destino é um livro em cujas páginas (que representam os dias) existem apenas anotações, fixando que nessa ou naquela época ocorrerão fatos importantes, como o nascimento, onde a pessoa irá viver, estudar e trabalhar; quando irá adoecer ou passar por momentos de dificuldades físicas, financeiras e emocionais; quando irá casar-se ou relacionar-se com determinadas pessoas; quando ocorrerão muitas outras coisas e quando a pessoa morrerá. Em relação a tudo isso, é dito "quando" e não "como" irá acontecer: a forma detalhada de como irá ocorrer algo em um certo dia será escrita no dia anterior, de acordo com a lei do carma, que diz: "quem tudo faz, está fazendo por merecer". Em outras palavras, quem for positivo, terá melhores possibilidades e facilidades; quem for negativo, terá negatividades e dificuldades.

Mas nisso pesará também a vontade de quem conduz a pessoa. É Exu quem estará ao nosso lado em todos os nossos compromissos cármicos: é ele quem estará na nossa porta dando segurança; é ele quem acompanhará nosso caminho dando sorte e firmeza; é ele quem estará ao nosso lado nas demandas e dificuldades, dando sorte e abrindo os caminhos. Mas ele também poderá estar em todos esses lugares sem nos dar nada, se estiver insatisfeito com nossa conduta. Isso deixa claro que nossos guias-exus, além de pensarem em nossa cabeça, também podem criar para nós situações que vão da extrema sorte ao extremo infortúnio.

Nós, habitantes da Terra, não podemos deixar de nos envolver pela materialidade. Isso se explica pela influência dos axés que nos rodeiam. A Terra, embora seja comandada pelos orixás que estão no topo da pirâmide, tem seu funcionamento dirigido pelas mãos dos Exus. Estes, que estão na base e que possuem o axé da materialidade, nos influenciam diariamente.

Isto é uma lei da religião, que nada pode mudar. Mas, enquanto os orixás dão a influência geral (a balança descrita anteriormente), Exu, por ter vontade própria, pode decidir qual o prato que será mais pesado; ele tem condição de fazer seu axé servir positiva ou negativamente, independentemente da inteligência ou da consciência de seu protegido. Em outras palavras, ele faz o que quiser, pois esse direito lhe foi dado por Deus, que o colocou na posição que ocupa.

Para tomar essa decisão, as regras de Exu são simples. Ele somente dará seu axé positivo a quem for merecedor. Esse merecimento é medido pelas atitudes positivas de seus filhos e, em caso de mediunidade, pelo respeito às leis cármicas da evolução da vida espiritual.

Um exemplo concreto permitirá entender melhor o domínio que um orixá tem de seu axé. O fato ocorreu fora do terreiro, com um parente distante, que sei ser médium, mas que nada faz por sua espiritualidade. Esse parente pediu-me inúmeras vezes, por meio de terceiros, que fizesse em meu terreiro correntes positivas para que ele obtivesse ajuda e encontrasse soluções para seus muitos e graves problemas.

Certo dia, ele procurou-me diretamente, dizen-do-se em dificuldade para conseguir trabalho e dinheiro. Perguntei-lhe como estavam sua firmeza e segurança na vida, como estava sua sorte, se seus caminhos estavam abertos, como estavam seus amores; e todas as respostas oscilaram entre o ruim e o regular. Informando-lhe que todos esses assuntos eram da responsabilidade do axé de Exu e mostrando a coincidência de todas as suas respostas negativas, provei-lhe que ele não sairia de tal situação enquanto não respeitasse a lei que diz que "Exu só faz por quem lhe fez primeiro".

Apesar de todas essas explicações, o parente mostrou-se preocupado apenas com o dinheiro que precisaria gastar para dar as oferendas que eu dizia serem necessárias; e alegou que precisaria arrumar antes um emprego para depois poder realizá-las.

Este resposta demonstra a falta de fé de muitos filhos-de-terra nos donos dos axés que os envolvem. É a própria imagem da carroça adiante dos bois pois, se Exu é o dono do dinheiro e se é ele quem, pelas dificuldades criadas no dia-a-dia, impede a pessoa de o ganhar, a quem mais senão a Exu ela o poderá pedir? De nada adianta pedir a quem não tem. Por mais caras que fossem essas oferendas (o que não é o caso, pois um ebó dentro do fundamento de Exu custa menos que trinta maços de cigarros), deveriam ser feitas pois, se houvesse fé, os guias-exus criariam condições para que esse ou qualquer valor fosse devolvido de forma multiplicada.

CAPÍTULO 6
OS ORIXÁS DIVERGEM E EXU CONSERTA

Certas pessoas chegam ao terreiro lastimando-se da vida que levam; dizem não se entender com os demais e nem sequer consigo mesmas. A essas pessoas, meus guias respondem usando argumentos com que tentam provar que nada está errado, além de seu hábito de reclamar; mostram que, com tanta ansiedade e com tão pouco cuidado com a própria evolução, esses filhos-de-fé não dão a si mesmos a oportunidade de usufruírem o que de melhor tem a existência, que é o próprio fato de se estar vivo.

Dizem os guias que, quando Deus fez a Terra, entre todos os outros planetas que serviriam à evolução espiritual de seus filhos, fê-la especificamente para o nosso grupo, que ainda está em uma fase de aprendizado, devendo ainda esforçar-se pela evolução. Por esse motivo, fez nosso planeta ser servido por tantas influências, que isso provocou certa complicação.

Lembram os guias que na Terra tudo tem várias faces. Os orixás, ao influenciar a mentalidade de seus filhos, ora se apresentam jovens, ora maduros, ou bem idosos; existem os orixás justiceiros, os guerreiros, os pacíficos, os que perdoam, os que contra-atacam, os teimosos, os voluntariosos, os que se omitem, os respeitáveis, os abusados e muitos outros tipos, que sempre encontram seus opostos.

Lembrando os antigos mitos africanos, os guias contam que Deus era servido por quatrocentos e um orixás. Mesmo esse número tendo sido reduzido, na Umbanda, há nove orixás que influenciam diretamente as cabeças de seus filhos e mais cerca de seis que ainda são lembrados, ainda assim não há como nosso planeta deixar de apresentar contradições. Segundo os guias, é possível que essa aparente confusão tenha sido criada com o propósito de auxiliar nossa evolução: é sempre nos momentos mais difíceis, quando enfrentamos as oposições, que mais nos esforçamos para melhorar nosso modo de ser, tornando-nos melhores do ponto de vista material, emocional e físico; e essa melhora nos é muito gratificante.

Ouvindo esses argumentos, os filhos-de-fé que vieram ao terreiro lamentando-se começam a entender que as confusões em que sua vida está mergulhada têm suas finalidades; mas freqüentemente ainda não encontraram o caminho para solucionar os problemas. Meus guias então lhes mostram que não basta apenas aceitar a afirmação de que as dificuldades têm razão de ser; é preciso participar, integrar-se à situação. O que essas pessoas precisam entender é que, se elas esperam receber o respeito dos demais, devem primeiramente obter a compreensão e o respeito de si mesmas, com o auxílio do conhecimento a respeito das influências dos orixás; depois de entender a si mesma, a pessoa poderá compreender e aceitar as diferenças entre seus pensamentos e atitudes e os das demais pessoas.

Depois de todas essas explicações, é dada ao consulente a solução para que ele possa mais rapidamente encontrar a tranqüilidade e a solução de seus problemas. O preto-velho revela que, se Deus promoveu tantas dificuldades, certamente deveria criar também um agente descomplicador. Este agente é o nosso grande conhecido, aquele que é famoso, entre os que conhecem os orixás, por fazer o certo pelo errado e o errado pelo certo. Não poderia haver agente mais descomplicador que ele; seu nome é Exu. A solução proposta pelo guia é, então, que a pessoa dê uma oferenda a Exu, para que possa ser servido pelo seu axé.

Agora que já sabemos a importância dessas entidades, vamos conhecer a forma pela qual Exu e nossos guias-exus nos protegem e nos julgam.

Ninguém tem apenas um Exu em sua cabeça: toda pessoa tem cerca de sete Exus ou Pombagiras (forma feminina de Exu). Os Exus também não são sorteados ao acaso para acompanharem as cabeças dos filhos-de-terra; de acordo com o modo como é preparada a Criação, um encarnado mais desenvolvido que os demais terá também um guia a seu nível cármico; o menos desenvolvido, terá um guia equivalente.

Para os homens, o mais forte entre esses guias será um Exu; para as mulheres, será uma Pombagira. Caso haja inversão dessa regra, a masculinidade do homem e a feminilidade da mulher correrão risco, de acordo com o julgamento dos filhos-de-terra (embora não seja assim para quem preparou o destino dessas pessoas).

Os guias-exus possuem um grau de evolução bem maior que o nosso. Embora ainda demonstrem gostar de aspectos da vida material, como sexo, bebida e fumo fortes; e se entreguem a controvérsias, mágoas, rancores e insatisfações afetivas, eles possuem a lucidez de perceber que a evolução pessoal está acima de tudo e que, por pena ou receio de magoar, eles não devem deixar de tomar medidas justas e rigorosas em relação àqueles que amam. Pela firmeza de sua atitude, eles podem ser vistos como o inverso das mães, que vêem os erros de todos, menos dos próprios filhos: Exu não vê os erros de ninguém, pois isso não é da sua conta; mas não deixará de combater um erro sequer de seus filhos.

Estando em um estágio mais adiantado que o nosso, Exu sabe que o que mais prejudica a evolução são sentimentos e atos mesquinhos como a hipocrisia, as opiniões descabidas sobre os outros, a perda de tempo com lutas por ideais fora de propósito; e isso ele combaterá com todas as forças.

Para finalizar, é importante que compreendamos a forma tão polêmica pela qual os Exus se apresentam em suas incorporações, e que tem sua maior razão de ser na própria forma como nós somos. Isso se explica da seguinte forma: a verdadeira razão pela qual os pretos-velhos se despem de suas honras para se apresentarem como velhos, negros e escravos, integrando-se em um grupo tão discriminado pela sociedade, é porque assim se comunicam mais facilmente com pessoas de todos os níveis de inteligência e cultura; aparecendo dessa forma, os guias não estarão ameaçando os que se consideram mais evoluídos, nem estarão assustando os menos favorecidos.

O mesmo ocorre com Exu, já que seu interesse maior é apresentar-se sob uma forma que facilite o entrosamento com aqueles que o consultam. Sendo os Exus conhecedores dos dois lados da moeda, do bem e do mal, eles nunca poderiam mostrar-se como o exemplo máximo para nossas atitudes: isso nos deixaria envergonhados de sermos como somos. É por isso que eles se apresentam como o outro pólo, com o qual todos se sentem à vontade para conversar e até para contar seus maiores segredos, já que o ambiente criado por Exu exclui a possibilidade de que a pessoa seja julgada segundo os critérios de decência dos hipócritas que se consideram donos da verdade.

A forma pela qual as Pombagiras se apresentam é ainda mais interessante pois, além de criarem o mesmo clima que os Exus, elas aparentam muitas vezes o modo de ser de prostitutas. Se observarmos com atenção esse ofício, perceberemos que as mulheres que o exercem, embora consideradas sem honra e citadas como um insulto, não vendem apenas sexo; elas dão algo que nenhum dinheiro poderia pagar: ao homem sozinho ou que passa por dificuldades em seu relacionamento, elas dão paz da carne, distensão, carinho, amor; dão até conselhos, esperança, força para prosseguir, positividade, felicidade e várias outras sensações boas. É assim que agem as Pombagiras, comportando-se de modo a descontrair os reprimidos e a desafiar a hipocrisia dos que julgam os demais segundo as conveniências sociais.

Vimos então que os Exus e as Pombagiras aparecem sob a forma que melhor serve para que os aceitemos, ou seja, mostrando-se inferiores a nós mesmo quando erramos. Se não fôssemos tão baixos em nossos erros, eles poderiam vir de forma mais branda, já que obviamente são mais evoluídos do que o último nível da pirâmide, que é o nosso, dos encarnados.

CAPÍTULO 7
DEFEITOS OCULTOS

Este capítulo serve para que cada pessoa diagnostique um comportamento indesejado em si mesmo e nos demais. Muitas vezes, um filho-de-terra, deixando-se envolver pelo lado negativo das forças que o influenciam, não percebe que a semente que gerou um comportamento indesejado deve ser combatida; deixa-se levar a acreditar que isso faz parte de sua personalidade, como uma caracterítica fixa; porém, se todos percebessem os próprios enganos, teriam condições de mudar para melhor, abandonando seus hábitos negativos.

Embora o exemplo aqui apresentado fale da vaidade dos filhos de Xangô, o mesmo tipo de raciocínio serve para lidar com os excessos de autoritarismo dos filhos de Ogum, as lamúrias desenfreadas das filhas das Oxuns e as vontades desmedidas das filhas de Iemanjá; com o descontentamento com as normas sociais dos filhos de Oxóssi, as guerras e enfrentamentos infindos das filhas de Iansã e o descontentamento com a própria natureza dos filhos de Omolu; com o isolamento exagerado das filhas de Nanã e as manias de limpeza e de ser donos da verdade dos filhos de Oxalá.

Certa vez chegou ao terreiro um homem cuja característica era um ar sério, sem qualquer esboço de sorriso. Ele ouvia as explicações do guia sobre sua vida e suas necessidades materiais, como dinheiro ou trabalho e, ao que parecia, iria sair tão calado como chegara, levando, juntamente com a lista dos artigos necessários para sua oferenda, sua fisionomia fechada de sempre. Porém, quando parecia ter chegado o fim da consulta, Pai Mané disse:

"– Agora que você já sabe como combater as suas dificuldades e que já sabe a que orixá pedir e o quê oferecer, chegou a hora de eu colocar um sorriso no seu rosto."

O homem perguntou:

"- Como assim?"

E Pai Mané Quimbandeiro respondeu:

"– Meu filho, se você olhar para trás e enxergar a sua infância e juventude, verá você mesmo alegre e com gosto para ser líder nas brincadeiras e nos jogos. Se você olhar para trás, verá que sua cara fechada não tem base em sua personalidade, já que antes não era assim. O que pode ter acontecido para você se comportar desse jeito? Será que foi só um fato, ou foram vários casos isolados, que deram motivos para tanta cara fechada?

Você acha que não? Se você se perceber em uma roda de amigos, onde todos o considerem, você estará sorrindo, mostrando a alegria que lhe era peculiar. Sendo assim, eu lhe digo que, sendo você um filho de Xangô e recebendo dele um axé que pode ser interpretado como o de um grande homem ou um rei, estará correndo o risco de se condenar ao descrédito e ao desamor, já que não tem bens e não sabe lidar da melhor forma com as pessoas que gostaria de comandar e por quem gostaria de ser respeitado.

Desta forma, aquilo que deveria ser positivo torna-se destrutivo, por causa de suas cobranças pessoais. Quando realço as cobranças pessoais, é porque estas é que, muitas vezes despercebidamente, são capazes de o enterrar em um mar de desgosto, já que a cobrança alheia você sabe rechaçar com meia-dúzia de palavras ásperas.

Então, esqueça-se dos outros ou de qualquer coisa que lhe sirva de desculpa para o seu mau humor, e concentre-se em responsabilizar-se por esse comportamento, que tanto diminui a sua imagem externa como a interna. Para pôr um ponto final neste assunto, digo-lhe que, se não conseguir sorrir para a vida, dificilmente ela lhe dará boa graduação evolutiva; e a evolução pessoal é o mais importante motivo da vicia que lhe foi dada."

Acabado o discurso de Pai Mané, o homem já sorria, crente na importância dessa atitude.

A mensagem que fica dessa história é que, quem se enquadrar em uma das tantas manias negativas que caracterizam o comportamento quotidiano das pessoas, nunca deve dizer orgulhosamente: "– Eu sou assim e não vou mudar." Se nesta terra tudo tem dois lados, duas faces, certamente todos terão condição de inverter qualquer situação.

CAPÍTULO 8
APRENDENDO COM OS ERROS

Nos dias de louvor a um dos orixás, o guia Pai Joaquim d'Angola costuma vir ao terreiro com o propósito de explicar aos filhos da casa como devem portar-se diante dos trabalhos ofertados e o que devem pedir.

Ciente de que a grande maioria dos presentes não conhece o real significado do axé (poder) de cada orixá, Pai Joaquim vem com toda paciência explicar que só podemos pedir o que é da competência do orixá homenageado, e não qualquer coisa que se queira ou de que se precise no momento. Por meio de palestra aos presentes, ele ensina tudo que devemos saber ou colher de cada orixá.

Certa vez, no dia em que o terreiro homenageava Nanã Buruquê, ouvi ensinamentos muito interessantes que, por sua simplicidade e objetividade, servem igualmente a todos, independente do orixá de cada um ou de seu modo individual de ser.

Pai Joaquim começou por perguntar que dia era aquele. Uns falaram que era dia de Sant'Ana, a avó de Jesus; outros disseram que era dia de Nanã; outros ainda, se calaram. Diante da duvida, Pai Joaquim explicou que qualquer uma das respostas estaria certa; porém deu a entender que as duas comemorações são muito diferentes: a data atribuída a Sant'Ana serve basicamente para que lembremos dela uma única vez por ano; já Nanã, embora seja festejada nesse dia, não deve ser lembrada uma só vez, mas a qualquer hora de qualquer dia, uma vez que é a proprietária de um axé imprescindível para a nossa evolução, o axé da sabedoria.

Podemos entender facilmente o fato de Nanã ser dona do axé da sabedoria, pois ela é a mais velha de todos os orixás e, por isso, possui maior conhecimento da vida. Pai Joaquim explicou esse fato com uma simples pergunta:

"– Por que Nanã é a mais sábia?"

Uns responderam que é por ser ela a mais velha; outros, que é por ter ela mais capacidade; mas nenhum disse o que ele gostaria de ouvir. Assim, ele respondeu:

"– A resposta certa é que ela já foi jovem e, por isso, já teve oportunidade de cometer todos os erros e, com isso, aprender a viver melhor."

Nesse ponto, Pai Joaquim passou a falar dos jovens. Para ele, os jovens podem ter sete ou setenta anos pois, em comparação com os milhares de anos de Nanã, todos os que vivem neste planeta são muito jovens. Dando ênfase ao orgulho de sermos fortes, teimosos, ativos e apressados, alerta-nos para o fato de que, se por um lado é interessante sermos rápidos, por outro é deprimente saber que, na pressa de viver, poucas vezes paramos para nos analisar e, assim, corremos o risco de cometermos repetidamente os mesmos erros.

Desta forma, o velho Joaquim que, diante de Nanã, também se considera jovem, quis realçar que a nossa jovialidade nos faz errar e persistir no erro com base em qualquer desculpa; e que como nós, os jovens, somos a maioria na terra, usamos e abusamos dessa falsa força para continuarmos com nossas teimosias e enganos.

Para melhor exemplificar esse tema, Pai Joaquim lembrou que, para cada filho de Nanã em terra, existem mais de setenta e sete filhos dos demais orixás; sendo assim, a filha de Nanã que veio à vida para dar exemplo de calma, constância e sensatez, estando sempre em minoria, é considerada sem vida, apagada e lerda pelos demais.

Prosseguindo seu raciocínio, Pai Joaquim perguntou aos presentes:

"– A partir de tudo que aqui já foi dito, eu pergunto: se hoje é dia de Nanã, hoje é dia de quê?"

Ainda dessa vez, ninguém respondeu o que ele queria ouvir; então, ele falou:

"– Vou perguntar de outra forma: Se hoje é dia de Nanã Buruquê, a dona do axé da sabedoria, hoje é dia de nós, os jovens, prestarmos atenção ao quanto...?"

Diversas respostas foram dadas pelos presentes, mas nenhuma atingiu o que Pai Joaquim queria. Ele perguntou novamente:

"– Se hoje é o dia da sabedoria, hoje é dia de sabermos o quanto nós somos...?"

Então, alguém timidamente falou:

"– Burros?"

Pai Joaquim respondeu: "- É claro, meu filho. Se hoje é o dia de louvarmos alguém que é cem por cento inteligente, só nos resta pararmos para refletir sobre o quanto que somos ou temos sido burros! Se pararmos verdadeiramente para nos mirar, veremos que não só na data de hoje isso se faz necessário, mas sim todos os dias, já que em todos os dias temos ensinamentos a receber e nenhum deles deve ser desprezado.

Todos os dias vocês devem inventar uma caixa, para guardar a sete chaves todas as más ações que cometeram, para nunca mais as repetirem. O que, em outras palavras, pode ser dito assim: qualquer ação, intenção, desejo, experiência que não deu certo, certamente não deve ser descartada por inteiro, mas nunca deve ser repetida no mesmo grau e tamanho, pois certamente ela não o deixará alcançar seu intento. Essa ação deverá ser reestruturada por sua própria iniciativa, para que você não passe por burro ou teimoso, o que, no final das contas, é a mesma coisa.

Se alguém está imaginando que sabedoria é sinônimo de cultura ou de grau de inteligência, está errado pois é fácil ver homens e mulheres letrados cometendo erros banais por teimosia, enquanto alguns dos menos cultos terão condições de lhes mostrar o óbvio, com a devida dose de simplicidade.

Assim é a sabedoria de Nanã, aquela que tudo viveu e não desperdiçou seu tempo com teimosias infrutíferas. Todas as vezes em que eu ou qualquer guia nos deparamos com situações novas das quais não temos conhecimento, é aos pés de Nanã que vamos rogar que, com sua sabedoria, nos dê a luz para que, com sua simplicidade lógica, possamos desfazer as confusões conflitantes. Nanã é o que é porque não perde tempo quando deve aprender; porque nunca repete erro já vivido; porque sempre troca o conflitante pelo simples; porque nunca entra em um campo de batalha na hora errada e, se for necessário, vive em paz diante de qualquer opressão, à espera da hora certa para vencer; porque pensa sete vezes antes de exercer qualquer ação; porque nunca tem pressa para chegar ao amanhã, pois sabe que a vida é eterna. Se tudo isso é fato, e se é nela que nós temos de nos mirar, eu pergunto: você quer ser Nanã?"

Essa pergunta foi formulada aos presentes. A resposta que se ouviu foi que, diante da tanta responsabilidade, ninguém queria ser Nanã. As pessoas falavam: "– Eu estou muito nova." ou: "– Ah, ainda não." ou: "– Não, não sou capaz." ou: "– Hi! Isso é muito difícil!"

Diante de tanto medo de assumir a responsabilidade pela perfeição de Nanã, Pai Joaquim explicou que ninguém irá exigir o que não puder ser realizado pelos filhos-de-terra: ninguém será cobrado pelo impossível, mas sim pelo seu máximo possível; porém realçou que aquele que desiste de caminhar em direção da fonte só porque ela está longe, irá morrer de sede. E disse mais:

"– É muita pretensão imaginar que um de vocês ou qualquer ser vivo na Terra terá condição de chegar a ser igual a Nanã, já que nem eu, que já estou adiante no caminho, me imagino capaz de alcançá-la; porém sei que estou a caminho, já que todo dia me proponho chegar ao meu limite máximo, sabendo que no outro dia encontrarei outro mais distante. Vocês devem agir da mesma forma. Em vez de se deixarem morrer de sede, reclamando da grande distância, tentem alcançar o máximo a cada dia, porque, de pouquinho em pouquinho, estarão sempre a caminho da fonte da sabedoria. Sejam sempre positivos e fujam de repetir os seus erros.

Aqui na Terra, a velhice não é necessariamen¬te sinônimo de sabedoria. Encontramos pessoas com setenta anos que nunca deram importância aos aprendizados quotidianos, enquanto outros, mais jovens, preocuparam-se em não repetir erros banais. De acordo com o axé de Nanã, este último seria muito mais sábio que o mais idoso. Nada ocorre por acaso. Vocês já devem ter encontrado, em suas famílias, jovens com mentalidade de velhos e velhos com mente de jovens. Cada um desses terá seu potencial máximo estipulado pela criação, e nunca pelos homens. Aquele que quer se fazer de Deus, cobrando dos seus semelhantes mais que a sua natureza, é capaz de dar; além de estar indo contra a verdade da criação, estará indo de marcha-a-ré no caminho da sabedoria.

Para deixar bem claro esse ponto, eu pergunto: qual de vocês se considera jovem?"

Parte dos presentes levantou a mão. O grupo era formado por jovens do ponto de vista da idade e por vários idosos. Pai Joaquim, então, falou:

"– Vejam bem! Aqui, com a mão levantada, estão idosos e jovens." Apontando, então para alguns dos mais jovens, falou: "– Vocês podem baixar a mão pois, embora tenham pouca idade, não possuem postura de jovens, nem se orgulham de serem jovens, já que de fato não o são." Os apontados baixaram a mão, concordando com o que ouviam, e Pai Joaquim continuou: Quero realçar, porém, que não faltam entre vocês aqueles que julgam e condenam seus familiares por causa dessas diferenças de idade. Quem o estiver fazendo, sem avaliar os próprios atos, também estará no caminho errado em relação a Nanã. Agora eu pergunto: quem, entre vocês, tem mais afinidade com o axé de Nanã?"

Todos pararam para pensar. Fez-se silêncio, até que uma ouvinte arriscou uma resposta. Apontando para a única criança presente, falou:

"– É a criança?"

"– Parabéns, minha filha; está mais do que certa. A criança ainda não adquiriu as manias nem as teimosias que tanto freiam e retardam a caminhada de vocês. Agora, mirem-se nela."

Pai Joaquim chamou a menina e instruiu-a para que repreendesse os adultos. A criança assim o fez; com o dedo em riste, apontando para os demais, falou:

"– Deixem de ser burros. Mirem-se em mim, que ainda não adquiri seus erros. Façam um esforço para lembrar de como eram quando crianças e vejam que, sendo simples e despojados de suas manias, tudo é fácil e lógico. Deixem de ser burros, mirem-se em mim e vejam que, com sede de aprender, estou dando muito mais valor à vida que Oxalá me deu, do que vocês, bando de pretensiosos. Para terminar, mirem- se em mim e deixem de ser burros."

Assim Pai Joaquim encerrou sua palestra, reafirmando que todos, ao rogar pelo axé de Nanã, deveriam pedir que sua simplicidade e objetividade pudessem penetrar em suas mentes, para que suas vidas se tornassem progressivamente melhores.

SEGUNDA PARTE: OS RELACIONAMENTOS

CAPITULO 1
A VERDADE DE CADA UM

Os homens de pouca fé fazem pouco caso e zombam quando ouvem padres católicos e pastores protestantes, em seus sermões, pregando a seus fiéis, citarem trechos da Bíblia que exaltam a aceitação da vida como ela é. Essas passagem dizem algo assim:

"– Se tudo está bem, regozijem-se! Se tudo está mal, regozijem-se! Se tudo está melhorando, regozijem-se! Se tudo está piorando, regozijem-se!" E assim por diante.

A intenção dessas palavras é a mesma das que disse Jesus, no Sermão da Montanha, a um descrente que reclamava das opressões de sua vida:

"– Não deves tentar ao Senhor teu Deus, pois isso é por demais temerário!"

Em outras palavras, se tudo que existe é parte da Criação divizia, o indivíduo, seus dias e seu destino também o são e devem seguir suas leis.

A queixa do descontente baseia-se na opinião infundada de que ele não tem força para passar por dificuldades. Quem cair na armadilha de considerar-se incompetente, agarrando-se a lamúrias e reclamações, usando uma imagem que inspira pena para pedir ajuda aos outros, conseguirá apenas enlamear-se a tal ponto que seus pés terão cada vez maior dificuldade em firmar-se; quem se embrenha em reclamações para com a vida, cobre-se de negatividade.

Quem, ao contrário, enfrenta e vence as dificuldades, torna-se apto a receber influências positivas; qualquer um é capaz de fazer isso, sem sombra de dúvida. Regozijando-se com a vida, a pessoa faz com que os momentos difíceis do destino passem muito mais rapidamente e sejam menos pesados.

A vida na Terra não é simples de se entender; ela é feita de dificuldades e contradições, que teremos de enfrentar e vencer em prol de nossa evolução. As dificuldades são de dois tipos: as de momento, individuais; e as decorrentes de conflitos com outras pessoas.

Podemos entender as dificuldades de momento pelo exemplo da morte, que é a maior de todas elas. Sabemos, sem dúvida, que em algum momento vamos morrer ou presenciar a desencarnação de algum ente querido. Sabemos que esse momento vindouro será cer-tamente uma das piores horas de nossa existência na Terra; mas também sabemos que o tempo passa, os cortes cicatrizam e, não importa a intensidade da doido acontecimento, ela irá passar ou ao menos se acalmar. Aí estão o início, o meio e o fim de um momento. O quanto ele irá durar, dependerá de que se acredite de modo positivo em que aquele que se foi continua sendo velado, após a morte, por seus protetores em vida; que o falecido está cumprindo seu destino ou dando seqüência à sua evolução. Somente por meio desses pensamentos é que teremos paz e conforto nessa perda; a saudade de quem pensa assim será mais leve que a de quem, por seu modo de pensar, irá reclamar da perda daquilo que considerava seu.

Nada é de ninguém, tudo é de Deus. Portanto, regozije-se, agradeça a Deus por todos os seus momentos, pois somente por Sua influência é que o indivíduo será capaz de passar pelas dificuldades sem muito pesar.

Os conflitos interpessoais, de que trataremos adiante, são muitos e complexos; porém, com o conhecimento dos orixás que nos regem e influenciam, tudo fica mais fácil de entender.

Certa vez, ouvi de meus guias que é melhor entender que perdoar; é exatamente isso que pretendo transmitir. Passamos, durante a vida, por diversas situações, onde um agride e outro é agredido. A agressão pode ser explícita ou pode ser substituída pela luta por conceitos, idéias, razões e vontades próprias; o princípio é o mesmo. O conflito ocorre porque cada um tem sua cabeça e pensa que seus pensamentos, suas conclusões e razões são válidos para todo mundo; mas não é assim na realidade.

Como vimos ao analisar a pirâmide dos guias e dos orixás, todos nós estamos influenciados por todos os axés; mas os orixás que povoam nossos pensamentos terão influências distintas em diferentes indivíduos: em cada pessoa, um deles firmará suas características com maior intensidade, enquanto os demais terão apenas força para exercer uma influência menor. Sendo assim, vemos que, existindo tantos orixás, são possíveis milhões de combinações de influências; portanto, existirão milhões de cabeças, com diferentes formas de pensar.

Portanto, podemos dizer que os conceitos, as idéias, as razões, as formas de pensar e as conclusões de uma pessoa são somente suas; as dos demais poderão divergir mais ou menos dela, mas nunca serão iguais. Se a pessoa cair na tolice de pensar que suas razões são as únicas verdadeiras, ou se achar que está certa e os outros não estão, estará perdida e sozinha; mas se, ao contrário, ela respeitar e entender as diferentes cabeças envolvidas em um conflito qualquer, não precisará dar ou receber perdão para que se faça a paz; deverá, sim, encontrar um meio-termo harmonioso onde todos possam sentir-se vitoriosos.

O perdão, embora seja uma semente de paz, também o é do rancor e das mágoas. Em um conflito onde duas pessoas tenham idéias, vontades e conclusões próprias, normalmente vence quem fala mais alto, porque o mais calmo se cala, se omite ou finge negar o que acha certo. Esta situação não serve verdadeiramente a ninguém, pois o falso vencedor perdeu em algum grau o respeito de seu companheiro; e este nada mais está fazendo do que guardando as mágoas em um reservatório interno que explodirá se não tiver uma válvula de escape criada pela compreensão do que realmente se passa, dos motivos pelos quais a pessoa foi fraca, se omitiu ou renegou seus princípios. Se a mágoa se acumular, tornará a pessoa desgostosa com a relação.

Certamente não faltarão na vida dificuldades a serem vencidas. Muitos costumam falar: "Eu sou assim mesmo e não vou mudar." Ou ainda: "Não vale a pena mudar, porque os outros não merecem."

A esses eu digo que não é necessário ser como os outros querem, da mesma forma como os outros não devem ser como você deseja; o importante é que você conheça bem sua natureza, a base da sua vida e de seus princípios, a fim de ser feliz e viver em harmonia com os outros. Para tanto, mesmo sem ter a cabeça igual à deles, esforce-se para compreender a natureza que criou os conceitos e as razões deles, da mesma forma como conhece a sua própria. Pois nunca existirá na cabeça dos filhos-de-terra uma regra única que defina o que é certo ou errado: isso é do conhecimento exclusivo do Deus que nos criou.

É com esses argumentos que meus guias explicam aos seus filhos o porquê de eles serem como são, a causa de suas diferenças em relação aos demais, e por que ninguém deve julgar seu semelhante: tendo cabeças diferentes, as pessoas nunca irão pensar da mesma maneira; se um é de um jeito e outro é diferente, é porque foram assim criados por Deus, de quem não devemos reclamar.

Para finalizar, meu preto-velho diz que, toda vez que, em uma reunião de pessoas, alguém disser o que pensa como se fosse a verdade absoluta, estará errada. O certo e o errado é um campo de idéias estritamente individual e a forma correta de se debater consiste em uma conversa franca, na qual todos coloquem seus pontos de vista na balança de forma positiva, a fim de encontrar um meio-termo que sirva não somente a um, mas a toda a coletividade.

CAPÍTULO 2
O PODER DA MULHER

Como se não bastassem todas as possibilidades de erros ou enganos ao alcance de cada um, o Criador deu às mulheres um poder a mais de promover a discórdia ou a concórdia, que só entenderemos diante das lendas de nossa grande e poderosa mãe feiticeira, Iyami Osoronga, também conhecida como Agé, Eleye, Agba, Odu e Iyami, nomes esses que se traduzem por "minha mãe".

A sua importância é facilmente entendida no trecho de uma das lendas onde Obarixá, um dos tipos de Oxalá, alerta a todos para que não cometam o erro de insultá-la, por meio da seguinte cantiga:

"Dobrai o joelho para a mulher,
A mulher nos pôs no mundo,
Assim, nós somos seres humanos,
Dobrai o joelho para a mulher."

Em geral, as Age são temidas e respeitadas por terem em suas mãos um poder que tanto serve para o bem como para o mal, e por gostarem de administrar castigos. Em suas lendas, em vez de serem perseguidas e discriminadas nas regiões em que viviam, eram tratadas como superiores hierárquicas e usadas como referencial de disciplina para todos os que se inclinavam para desordens ou intrigas.

Normalmente são caracterizadas como mulheres velhas mas, se quiserem, podem mostrar-se mais jovens. É interessante compará-las com os feiticeiros (Osó), para perceber as diferentes maneiras de ser e de agir de homens e mulheres. Dificilmente um feiticeiro fará mal a alguém da própria família e nunca fará guerra contra outro Osó, o que mostra o aspecto contemporizador dos homens, que costumam ser mais unidos entre si que as mulheres. Em contrapartida, as Agé não contarão até dez para decidir a quem castigar ou guerrear, o que mostra o aspecto irritadiço das mulheres feiticeiras, que as faz lutar tanto no âmbito familiar como entre elas mesmas.

Diferente das Agé, os Osó sempre enfrentarão seus oponentes de peito aberto e à frente de qualquer um; eles se orgulham disso e não são de guardar segredos, enquanto as Agés, quando guerreiam, o fazem normalmente pelas costas, sem que ninguém o perceba.

Por causa de seus maus humores repentinos, é dito que as Agés comandam todas as mulheres nos períodos de suas regras menstruais, já que, nessa época elas, em sua maioria, tornam-se mais irritáveis.

Outra lenda mostra a consciência que elas têm de sua inconstância de opinião, e como conseguem pre-venir-se. Conta a lenda que Iyami, para acalmar o temor de seus filhos, declara que se encolerizará com aqueles que infringirem algumas proibições, como as de colher quiabos de Egio, apanhar folhas de osun de Aloram ou de contorcer o corpo no pátio da casa de Mosionto; mas ela não diz o que significam os termos Egio, Aloram e Mosionto, fazendo com que qualquer ato ou palavra de um filho possa ser aquilo que foi proibido e propositalmente não explicado. Essa lenda demonstra um comportamento de certas pessoas que, por insensatez ou desrespeito a alguém ou a alguma coisa, demonstram suas desculpas com justificativas tolas e juram que se justificaram com mestria.

A lenda mais ilustrativa do nosso quotidiano diz que, na época da criação, foi montada uma excursão de que participavam Ogum, Oxalá e Odu (a mulher). Olodumaré (nosso Deus que mora no Além) utilizava-se de Ogum porque, com seus metais, ele faria todos os utensílios, como armas e instrumentos agrícolas, que serviriam para abrir caminhos pelas matas, dar segurança pessoal, fornecer alimento por meio da caça e, depois de formada a aldeia desejada, arar e cultivar a terra de onde tirariam sustento. Oxalá foi enviado pois, tendo o poder de criar a vida e a paz, sendo dono de grande sabedoria, teria sempre condições de servir tanto ao grupo como a todos os que viesse a comandar. Por último, Olodumaré utilizou Odu por ser mulher.

Estando satisfeito com tal formação, Olodumaré ordenou que seguissem do Além para a Terra. E assim se fez; Ogum ia na frente com o poder de seus metais; Oxalá ia em segundo lugar, com o poder da criação; por último ia Odu que, não entendendo o poder que possuía, pelo simples fato de ser mulher, voltou do meio do caminho para interpelar o Criador. Ao chegar de volta no Além, perguntou:

"– Por que todos possuem poderes e eu não?"

E Olodumaré respondeu:

"– Você não possui poder algum? Pois eu lhe digo que você é a mulher, você sempre será chamada como a mãe deles, você sustentará a terra com sua inteligência e seu ponto de vista. Para melhor esclarecer este assunto, dar-lhe-ei o poder do pássaro; por conta disso você será chamada Eleye (dona do pássaro). Este poder servirá para dar e retirar, para premiar e castigar; ele lhe dará o comando sobre todos os que na terra estiverem."

Satisfeita com tais explicações, Odu prontificou-se para retornar ao grupo de origem, quando Olodumaré chamou-a e perguntou:

"– Quando chegar à Terra, que fará com seu poder?"

Ela disse que iria impor-se em todas as discussões e combater os que não a acatassem:

"– A todos que venham pedir-me ajuda de qualquer tipo, como dinheiro, liberdade ou fertilidade, eu atenderei; porém se, depois de atendidos, eles se voltarem contra mim, retomarei tudo que foi dado."

Olodumaré então falou:

"– Muito bem, Odu, você está de parabéns. Porém, preste atenção para que não se exceda no uso do seu poder, senão ele lhe será retirado! Agora vá e lembre-se de que você é mãe de todos os que vir pela frente, e que vocês se devem respeito mútuo."

Odu voltou ao grupo e foi para a Terra. Tomada de curiosidade, atrevimento e excesso de confiança no próprio poder, passou a entrar em qualquer lugar e a tomar para si todas as responsabilidades e comandos. Isso chegou a tal ponto, que um babalaô a repreendeu dizendo:

"– Tu, que és poderosa! Não estás te excedendo em teu poder?"

"– Não! - respondeu ela – Como ninguém compreende meu poder, ninguém poderá combater-me."

O babalaô tornou a perguntar:

"– Tu, que recebeste de Olodumaré teu poder, fizeste alguma oferenda para ser capaz de utilizá-lo da melhor forma?"

Ela respondeu:

"– Não! E não farei, pois só eu e Olodumaré conhecemos meu segredo."

Por fim, o babalaô alertou-a de que ela se enganava ao pensar que dominava por completo o poder que lhe fora dado, e que esse mesmo poder poderia voltar-se contra ela; mas ela foi embora, sem se preocupar com os conselhos.

Oxalá, preocupado com o rumo dos acontecimentos na Terra nas mãos dessa mulher enérgica e com pouca disciplina, foi ao babalaô para saber o que poderia fazer para salvar sua missão e ouviu o seguinte:

"– O mundo não está perdido, porém ninguém pode tê-lo em suas mãos. Para ser vitorioso, será preciso ser inteligente e paciente, além de oferecer algum sacrifício."

Oxalá, determinado a vencer, seguiu todas as determinações do babalaô, que avisou que, mais cedo ou mais tarde, a mulher iria exagerar e, nesse momento, ele, com inteligência, sacrifício e paciência, teria o mundo para si.

E assim se fez. Oxalá esperou com paciência pelo exagero; com sacrifício acalmou a cólera de Odu; e, com determinação em suas palavras, convenceu Odu a contar-lhe como é que ela aterrorizava o povo para manter seu poder e sustento. Odu não só contou, como mostrou como fazia. Ela, que atrevidamente entrava em qualquer lugar, até onde os homens, por prudência, não se arriscavam a ir, levou Oxalá e Ogum para a floresta dos Eguns (espíritos de mortos recentes) e, cobrindo-se com o pano da adoração a Egum, mostrou que, por meio dessa farsa, obrigava a população a dar-lhe oferendas que serviam até como seu sustento.

Acabada a demonstração, tudo foi guardado e todos voltaram para casa. Porém Oxalá voltou disfarçadamente à floresta, adaptou ao pano de Egum uma rede para poder ver melhor o que acontecia do lado de fora, vestiu o pano, empunhou o chicote que o acompanhava e partiu para o povoado. Lá, ao contrário de Odu que, com sua voz feminina, só podia pedir através de orações, Oxalá, portador de voz masculina, e podendo imitar a voz rouca, estridente e retumbante dos Eguns, ordenava que todos lhe dessem tudo que ele queria. Até Odu, vendo tal figura, assustou-se e, tornando-se igual a todos os outros, escondeu-se em casa. Chegando lá, entretanto, deu por falta de Oxalá e começou a imaginar que seria ele a figura aterrorizante. Para desfazer a dúvida, enviou seu pássaro, o portador de todo o seu poder, para ver de perto a situação. O pássaro, em vez de ir ver e voltar com os esclarecimentos, pousou sobre o pano de Egum, fazendo com que tudo que Oxalá falava se tornasse realidade.

Terminada a peregrinação, Oxalá mandou que o pássaro voltasse para Odu e foi também ao seu encontro. Lá chegando, ainda do lado de fora da casa, em frente a Odu que lhe barrava a porta, largou o chicote, despiu o pano, mostrou a rede que substituiu os furos que mal davam para enxergar, e entregou-lhe todas as oferendas obtidas, dizendo que, se fez melhor do que ela, foi porque agiu somando-se ao seu poder e por meio dele. Odu aceitou as explicações e, por fim, concordou em que não deveria ser dona de todos os atos. Assim, restringiu-se a certos poderes e obrigações, aceitando que também os homens tenham seu lugar. Porém alertou para o fato de que nunca desculpará quem vier a tratá-la com descaso e que combaterá e castigará todos aqueles que não lhe derem a merecida importância, pois ela é a mulher, é a mãe que coloca sobre a Terra todos os seres humanos.

Novamente mostrando grande inteligência, Oxalá concordou com ela e fez com que todos cantassem esta música em seu louvor:

"Dobrai o joelho para a mulher,
A mulher nos pôs no mundo,
Assim nós somos seres humanos,
A mulher é a inteligência da terra,
Dobrai o joelho para a mulher."

Essa lenda caracteriza algumas diferenças entre os homens e as mulheres e mostra como se dá a convivência entre eles. Para começar, mostra que a mulher tem um grande poder, e só pode ser derrotada quando os usa mal; isso pode ocorrer quando alguma mulher, por sentir-se incompreendida, usa suas forças em disputas pelo poder.

A mulher é poderosa, mas nem sempre conhece ou domina seu poder. No seu lar, dependendo de como use seu poder, a mulher é capaz de criar tranqüilidade, felicidade e amor, ou intranqüilidade, tristeza e desamor. O lar de uma mulher é regido por seu estado de espírito; como diz Olodumaré, é ela que sustentará a terra, que simboliza o lar. Com excessos e exageros, o poder torna-se negativo e todos que vivem na casa, além da própria mulher, terão de conviver com essa negatividade.

Certamente, é preciso fazer maiores ou menores sacrifícios para encher o lar com uma irradiação positiva; mas não é desculpa para não fazê-lo o sentimento de que não é compreendida pelos outros. Como diz o mito, criar o lar harmonioso é responsabilidade da mulher, decorrente do poder que lhe foi dado por Odu, a primeira e mais poderosa de todas as mulheres enviadas por Olodumaré à Terra. Mesmo que um homem possa se utilizar desse poder, ele continua nascendo da mulher e a ela pertencendo.

A lenda mostra também que a forma certa de um casal viver consiste na cooperação entre o homem e a mulher, e não no domínio exclusivo de um ou outro, nem nas recriminações e lutas (mais comuns entre as mulheres), nem no descaso e traição (mais comuns entre os homens). Outra lenda ressalta a importância do respeito mútuo no quotidiano. Segundo ela, quando as Ajés vinham à Terra, elas gostavam de alimentar-se de algodão, planta que era cultivada por Oxalá. Este, descobrindo quem lhe roubava a plantação, insultou-as com veemência e expulsou-as; mas teve de voltar atrás pois, como a Terra só passou a ter rios permanentes com a vinda das mulheres, que fortaleceram as águas doces com seu axé de fertilidade, Oxalá dependia da boa vontade delas para servir-se dos rios em suas plantações. A conclusão é que, mesmo sendo completamente diferentes, homem e mulher podem completar-se em harmonia, desde que se esforcem para tal.

CAPITULO 3
CONVIVÊNCIA E CONFLITOS

O principal objetivo dos aconselhamentos dos meus guias é fazer com que as pessoas abandonem suas manias, para que possam viver melhor. A partir do momento em que se identifica o orixá de uma pessoa, quem conhece suas características está um passo à frente, em relação a qualquer ação positiva ou negativa que essa pessoa venha a realizar. Em outras palavras, o conselheiro pode incentivar o lado positivo enquanto tenta obstruir o negativo, usando o conhecimento a respeito da forma de pensar da pessoa em questão. Não é produtivo perder tempo tentando modificar o pensamento da pessoa, nem se aborrecendo com seus comportamentos negativos; é melhor usar o mesmo tempo para influenciar seu lado positivo.

Um exemplo marcante desse tipo de orientação pode ser visto em uma consulta dada por Pai Mané a um casal idoso, cuja vida apresenta particularidades que podem surgir na vida e no casamento de todos.

A esposa é de Iansã; isso a torna forte, sem medo de nada nem de ninguém, explosiva e destemida. Seu elemento é o ar, que lhe dá grande vontade de se aventurar e de não se prender a nada de que não goste ou que a oprima. Além disso, ela é muito influenciada pelo axé da justiça de Xangô. Se todos fossem santos, esta descrição mostraria uma mulher que, por força de sua determinação, nunca se omitiria diante da necessidade de lutar pelo bem-estar de todos e pela justiça; porém, como somos imperfeitos, essa força e essa determinação terminam por servir a qualquer ação, inclusive às que não se baseiam em um raciocínio lógico: primeiramente, porque o elemento ar não se dá muito bem com bases fixas; em segundo lugar porque, embora sejam muito inteligentes, as pessoas de ar são rápidas e afoitas, o que dificulta a prática do raciocínio lógico e cria o risco de agir de modo inconseqüente e injusto, apesar de sua força e de seu senso de justiça poder ajudar a muitos. Aliada a tudo isso, uma vontade enorme de ser superior a todos, proveniente desse axé tão grandioso, tornará difícil para essa pessoa desculpar-se por erros e assumir culpas.

O marido é de Xangô com grande influência de Ogum. Pelo lado de Xangô, ele é forte, guerreiro, com enorme vontade de vencer e diplomático por excelência; saberá tratar bem a todos e, se possível, reunirá para si todas as glórias. Como no caso de Iansã, entretanto, aqui também existe o outro lado da moeda: se sua cabeça não estiver afinada com o lado positivo do axé, essa pessoa poderá usar sua força para a politicagem, procurando reunir poder e pensando ser um rei, como é seu orixá; e então correrá o risco de não admitir derrotas, ofensas ou injustiças, tornando-se vaidoso e indiscreto.

Pelo que já podemos observar nesse casal, os conflitos não serão ganhos por quem falar mais alto, pois os dois orixás são fortes e determinados. A maior dificuldade dessas naturezas geniosas é o excesso de força, que inibe o exercício da paciência necessária para agir acertadamente a longo prazo. Como possuem o poder de tudo conseguir, imaginam que, com sua pressa, resolverão tudo mais rapidamente, para que as coisas não se tornem maçantes.

Como os dois recebem com intensidade o axé da justiça, para eles uma incompreensão, um desencontro ou um desacato, por pequeno que seja, será considerado uma grande injustiça; o sentimento de injustiça aliado à tendência para enfrentamentos poderá causar inúmeros conflitos sem base lógica, que dificultarão o convívio harmonioso.

Estamos falando, porém, sobre um casamento cuja duração, se depender da vontade do casal, será até que a morte os separe. Diante de tantas dificuldades de relacionamento, que será que fez com que os dois chegassem juntos até perto das bodas de ouro? O que torna isso possível é a diplomacia que faz com que o filho de Xangô crie condições para contornar qualquer conflito que ameace derrubar o castelo que é seu lar. Xangô, sendo filho de Iemanjá, herdou da mãe o jeito todo especial de atrair para si todas as posições de comando e de tomada das principais decisões; a filha de Iemanjá é conhecida por sua voz doce, que tanto serve para tudo ganhar com sua gentileza, quanto para dominar com certa arrogância.

Esse casal chegou ao terreiro com inúmeros problemas, que iam desde os de saúde, passando por trabalhos feitos contra eles, até a mediunidade não desenvolvida da esposa. Durante as diversas vezes em que compareceram ao terreiro para buscarem solução para seus problemas, as implicâncias mútuas, a atitude de desgosto e as reclamações em relação à vida eram constantes e bem desagradáveis de se ver. Quando estava tudo resolvido e tanto a saúde como a mediunidade estavam bem encaminhadas, eles voltaram ao terreiro para agradecer. Nessa ocasião, o guia lhes disse que eram dois intrigantes; e explicou por que deveriam deixar de sê-lo.

Em primeiro lugar, o guia lembrou que a vida deve ser boa e feliz; e que as pessoa devem lutar por isso, para que sua evolução seja alcançada. Disse a seguir que, devido às características de suas naturezas, tudo se tornava mais difícil; por fim, disse que, sendo o destino soberano, a união deles era acertada diante da vontade de Deus e que as dificuldades eram criadas por eles mesmos, e não pela vontade divina.

O guia apontou como semente da negatividade a não compreensão de que certos sonhos e ideais não são realizáveis. Em um casamento, esses sonhos consistem na vontade que cada um sente de que o outro se molde às próprias expectativas, encarnando o herói ou a heroína que tudo irá fazer por sua felicidade.

Em relação a isso, o guia explicou que, em primeiro lugar, ninguém deve esperar que outra pessoa, por mais próxima que seja, dê os primeiros passos em prol de sua felicidade; em segundo, que ninguém, a não ser Deus, tem o poder de modificar o axé que determina a forma de ser de cada um. Como os filhos de Xangô e de Iansã se ofendem facilmente, para eles os sonhos ou ideais impossíveis de realizar correm o risco de se tornarem motivos para guerras infindas que poderão destruir essas pessoas.

Nesse ponto da consulta, a esposa já começava a render-se à argumentação do guia; mas ainda dizia, com tom pejorativo, que a vida devia ser enfrentada de qualquer jeito. A isso o guia respondeu:

"– Como, de qualquer jeito? Você não deve parar de lutar pela sua felicidade, porém terá de mudar a intenção a ser alcançada. Abandonará a luta pelo insano e impossível, e abraçará a luta pelo entendimento e respeito mútuo. Não quero que fique parada a dizer: 'Então seja da forma que for', pois a forma que for sempre poderá ser melhor; porém, nunca deixará de ser uma luta onde só haverá vencedores se não houver nenhum vencido, já que esta é a vontade do nosso Criador."

Outra semente de negatividade a que o guia se referiu é o modo como lembramos os momentos da nossa vida. Cada instante, a Terra gira e tudo se modifica; muitos são os momentos criados por esses movimentos. Como a Lua se movimenta muito rapidamente, ela é capaz, em um período de uma semana, de produzir grandes mudanças, criando um ciclo com cerca de dois dias favoráveis, dois desfavoráveis e três neutros. Se o dia desfavorável for visto como passageiro, o dia seguinte será ou voltará a ser maravilhoso; porém, se de antemão estivermos armados com desgostos, injúrias e lembranças desfavoráveis, no dia ruim todo esse arsenal de negatividades estará a ponto de explodir, afetando não somente esse dia, mas também os vindouros. E, assim, dia após dia, a pessoa que se prende à lembrança dos momentos ruins perderá sua vida.

Da mesma forma que Deus criou a Terra, ele criou o sistema solar e as estrelas que compõem o zodíaco. Segundo a astrologia, o movimento de todo o sistema solar em relação às casas zodiacais influencia diariamente nossos pensamentos, fazendo com que estejamos, a cada momento, mais enérgicos ou mais calmos, mais doces ou azedos, mais maleáveis ou fixos, mais liberais ou conservadores, e mesmo mais propensos às positividades ou às negatividades.

O casal em questão apegava-se a diversas passagens de suas vidas, quando se haviam sentido injuriados ou injustiçados, para se permitirem ser amargos um com o outro. Como os dois são de guerra e não gostam de dar o braço a torcer, em função da influência mal interpretada de seus axés, ambos cultivavam uma vida muito ruim. Porém, diante de Pai Mané, tornou-se fácil para eles entender que os momentos ruins deviam ser esquecidos, em vez de serem recordados e acumulados; do contrário, nunca teriam a força necessária para manter uma postura positiva no próximo momento desfavorável que estivesse por vir.

Depois dessas explicações, o marido, já conquistado para a forma positiva de ver a vida, agora cheio de gosto e prazer, comenta sobre como é fácil viver. Pai Mané retruca:

"– É, meu filho, é fácil pra mim dizer, porque já estou deste lado; porém, isto nunca poderá lhe servir como desculpa, pois de certa forma a intenção maior de sua vida é a de chegar aqui onde estou. Isto representaria a continuação da evolução de alguém que já teria passado pelas provações terrenas."

Neste capítulo vimos vários argumentos que auxiliam a recuperar a harmonia matrimonial. Você que guarda rancores no campo sexual, saiba que o vigor de cada um não se mede pela vontade do parceiro, pois ele viverá sempre de acordo com a natureza que Deus lhe deu. Você que guarda mágoas a respeito de segurança, saiba que esta palavra só é bem entendida por aqueles que tenham um orixá maduro ou velho na cabeça, e que não adianta cobrar atitudes austeras de quem não tem essa natureza, principalmente se essa pessoa não foi incentivada da forma certa. Você que já desistiu e se entregou às manias e ao descaso do quotidiano, dispa-se de seus remorsos e de suas mágoas; tente com fé recomeçar o romance que os uniu, pois só assim será feliz e, com a felicidade, alcançará melhor sua evolução.

CAPÍTULO 4
A MATRIARCA SEM PODER

A filha de Iemanjá vem ao mundo para exercer seu comando; de uma ou de outra forma, quando ela recebe esta influência, tenta pô-la em prática através de suas características.

Um paralelo com a astrologia permite entender o papel de Iemanjá que, entre os corpos celestes, corresponde à Lua. Esta compõe com o Sol o par da criação de todos os outros astros. Assim, o Sol e a Lua representam o pai e a mãe. Mercúrio representa a primeira idade (a infância); Vénus, a segunda (a juventude); Marte e Júpiter representam a idade madura e Saturno, a idade mais avançada.

A Lua e Iemanjá representam a maternidade, a mãe que deve comandar a casa e o crescimento de seus rebentos. Desta forma, a filha de Iemanjá, seguindo os passos de sua mãe, encontra em vida uma grande disposição para liderar e comandar. Sendo dotada de muita criatividade, força de vontade e desejo de vencer, pode vir a fazer qualquer coisa, inclusive algo que fuja à ética e à moral, para colocar-se sempre acima dos demais. Certamente, esta é uma situação extrema; entretanto, mesmo em casos menos marcantes, encontraremos formas de prever suas atitudes e ajudar essas pessoas a compreender seus enganos.

As diferenças entre as filhas dos orixás femininos podem ser percebidas já na forma como elas vêm ao terreiro em busca de soluções para seus problemas. As filhas de Nanã dificilmente aparecem; além de não gostarem de dividir seus segredos, elas normalmente tendem a recriminar-se e perdoar os outros. As filhas de Oxum também não costumam revelar seus segredos, pois são inseguras e receiam não conseguir atingir seus intentos; são muito presentes nos terreiros e ouvem com muita atenção os conselhos sobre seus erros mas, embora se mostrem confortadas, deixam transparecer, através de suas lamúrias, que terão dificuldade para se corrigir e acabar com a situação problemática. A filha de Iansã chega convencida de que está certa, dizendo que é injuriada e injustiçada, que seu companheiro não a entende; porém, quando o guia tenta dividir com ela as responsabilidades sobre seus problemas, embora ela concorde com todas as afirmações, demora a dar o braço a torcer e às vezes nem o faz, pois não gosta de se dar por vencida. Vemos assim que, enquanto uma ouve e concorda com o que é dito sobre seus enganos, outra retruca e debate, à procura de outras alternativas que não sejam ter de se modificar. Já a filha de Iemanjá está acima dessas contradições, pois ela tem o poder de, de certa forma, controlar tudo que as outras são. Ela pode lamuriar-se, compreender e aceitar como as Oxuns; ou enfrentar, teimar e persistir como as Iansãs; ela tem o poder de assimilar e usar todas as armas ou manias das outras. De certa forma, pode-se dizer que ela, sendo a mãe que tudo possui, deu partes de si aos outros orixás.

Essas afirmações a respeito do comportamento das filhas de Iemanjá podem ser comprovadas pela observação da forma como elas agem quando, ao pedir alguma coisa aos guias, eles a recriminam. Conhecendo as armas de que dispõe, ela, ao fazer seu pedido, capricha ainda mais que o comum em sua voz doce, mostrando-se como a vítima mais ofendida. Quando o clima está mais propício para que se compadeçam dela, entretanto, o velho, que não é tolo, afirma que ela não é tão santa como quer se mostrar, e joga-lhe ao rosto algumas de suas culpas no problema. Nesse momento, desfaz-se a dissimulação com uma risada pouco constrangida, e a conversa prossegue como se nada de estranho houvesse acontecido. Vemos assim que ela usa tanto as lamúrias das Oxuns quanto os enfrentamentos das Iansãs; só que, em seu caso, o uso dessas formas de agir não a faz errar excessivamente, nem ela se permite incorporar uma dessas formas de ser; ela as usa ou não, conforme lhe é mais conveniente.

Entretanto, se ela não se perde nos axés dos outros orixás, o mesmo não se pode falar de seu próprio axé. Muitas são as vezes em que chegam ao terreiro mulheres idosas, demonstrando um enorme desgosto pela vida e uma insatisfação quase insana. Se todas essas mulheres tivessem uma vida pobre ou miserável, suas queixas seriam justificáveis; mas isso não se dá. Tanto chegam as pobres como as ricas. Mulheres com pose e posses estacionam na porta do terreiro seus carros do ano, dizem ser bem casadas e ter todo o conforto que alguém possa almejar, mas sentem-se infelizes.

A razão disso é fácil de explicar. A filha de Iemanjá passa sua vida a comandar. Enquanto criança, mesmo que não seja uma filha exemplar, não dará muito trabalho; dificilmente terá conflitos com os pais e com eles deverá ter facilidade de entendimento. Por ser conciliadora e oportunista, saberá conduzir seus namorados e maridos, aos quais procurará impor suas regras. Conduzirá os filhos formando-os sempre para a vida, dando-lhes liberdade com uma das mãos e comandando-os com a outra. Com seu jeito diplomático, saberá impor-se no ambiente profissional, conseguindo chegar até onde for possível.

     Porém, quando chega a velhice, sua vida profissional, se ainda não terminou, já não lhe dá o mesmo prazer e a mesma possibilidade de crescimento de antes. Se não perdeu o marido, não tem mais meios para conduzi-lo, pois provavelmente, de tanto subjugá-lo, tornou-o uma pessoa insensível aos seus encantos. Os filhos já se casaram e se envolveram em outros compromissos, não se deixam mais comandar por ela; os netos menos ainda, pois estão envolvidos com as modas de sua época, de cujo contexto a avó não faz parte. Em sua vida tudo é estável, sem possibilidade de mudança. Enfim, ela perdeu o que lhe é mais caro, mais importante e satisfatório para sua vida: perdeu seu axé maior, o comando.

     Esta sensação de perda poderá levá-la, desde a um simples mal-estar, até às raias do suicídio. Algumas vezes, durante as consultas, ouvi falarem sobre tal extremo, e o que vi foi ainda mais interessante: essas mulheres chegavam com uma incrível carga de infelicidade e, no decorrer da explicação sobre seus axés, essas cargas, como se fossem de gelo, derretiam-se pelo fogo de sua inteligência que, solta das amarras da incompreensão, voltava a pulsar pouco a pouco e as fazia sorrir.

     Por fim, quando tudo já está esclarecido, o guia confirma a impossibilidade de que elas voltem a comandar os mais jovens; e diz que ainda lhe resta o comando da própria vida, que deve continuar servindo como exemplo, como já serviu para tantos outros.

Duas conclusões podem ser tiradas dessa história. A primeira é que, sendo uma situação que envolve problemas de pessoas idosas, que já passaram por todo tipo de experiência, os conselhos que trouxeram sua solução podem servir a qualquer outra pessoa, mesmo mais jovem, que esteja lutando por um desejo impossível de satisfazer, qualquer que seja ele. A segunda é que, se são as mulheres com vida mais confortável que chegam a esses extremos de infelicidade, isso ocorre porque, sem acesso a facilidades sociais, as mais pobres, mesmo em idade avançada, ainda enchem de atividades suas vidas.

CAPÍTULO 5
A ETERNA CRIANÇA

Todos nós conhecemos alguma criança que, de tão travessa, chama a atenção de todos. Normalmente toda criança é muito alegre; porém, existe um grupo muito especial. Essas crianças dão-se facilmente com qualquer pessoa; brincar é sua natureza, e não apenas uma atividade comum; costumam ter dificuldades na escola, mas são a alegria dos adultos. Quando cresce, essa pessoa distingue-se ainda dos demais: enquanto os outros vão demonstrando maturidade crescente, esta conserva bem forte a infantilidade, acrescentada de urna dose de criatividade; busca insaciavelmente o que é novo e tudo que possa parecer diferente. Estamos falando de pessoas com orixás jovens na cabeça.

Em capítulos anteriores, vimos como os astros influenciam a idade aparente de seus signatários. O mesmo ocorre com os orixás: são joviais todos os filhos de Oxóssi e de Iansã, bem como os de algumas formas da Oxum; são maduros os filhos de Xangô, de Ogum e de Iemanjá, bem como os de algumas outras formas de Oxum; e são velhos os filhos de Oxalá, Omolu e Nanã, além de umas poucas formas de Oxum. Essas pessoas, sejam jovens, adultos ou idosos, não importa a idade que tenham em vida, irão sempre demonstrar jovialidade, maturidade ou velhice, dependendo da idade do orixá que reinar em sua cabeça.

Essa observação é importante, pois mostra a injustiça que fazemos quando nos repreendemos mutuamente baseados na nossa idade de cabeça, pois nossos semelhantes têm idades diferentes da nossa e, portanto, não podem agir como nós desejaríamos. São muitos os exemplos das contradições criadas por essa situação.

É comum que pais jovens (pela influência dos orixás) reclamem de que seu filho estuda demais; ou, inversamente, que pais maduros ou velhos digam que o filho nem pega nos livros. É comum ver aqueles que dão importância aos esportes e aqueles que não lhes dão a mínima atenção; os que entendem os amores e os que os reprimem; os que dizem: "– Deixe de esquisitice!", ou: "– Mire-se em mim!", ou ainda: "– Eu não entendo como pode gostar disso!". Certamente não é possível entender, pois os dois têm idades diferentes, não são iguais e não foram feitos para sê-lo.

A influência da idade do orixá é tão marcante que, muitas vezes, a maturidade de uma criança é tanta, que chama a atenção, e somente quando tornar-se adulta é que ela encontrará espaço para ter momentos infantis. Também a criança ou o adulto com a cabeça velha será considerado esquisito, e somente encontrará harmonia quando sua idade avançar. Esses, porém, são adultos ou velhos: bem ou mal, possuem discernimento, desenvoltura de vocabulário, inteligência e sabedoria sobre como viver com os pés no chão. Não é isso que se dá com os jovens de cabeça. Esses que foram motivos de risadas e alegria na infância, correrão o risco de passar o resto de suas vidas ouvindo que são umas crianças, que só fazem criancices, que não têm responsabilidade, que não têm os pés no chão.

Esses jovens, regidos em sua maioria pelo ele-mento ar, não têm como manter os pés no chão. Entre-tanto, eles têm diversas virtudes como a criatividade, a esportividade, o desprendimento, o destemor. Eles são os jovens aventureiros que, por gosto pelo que é novo e pela vida, abrem as portas de nossas vidas para tudo quê é novo e divertido.

Não é justo cortar as asas de uma bela ave nem culpá-la por sua natureza. Essas pessoas não devem ser criticadas com base apenas na vivência e nas expectativas dos que têm orixás mais velhos. Se eles são jovens, devem ser cuidados, devem receber atenção para seus deslizes e enganos, mas não devem ser simplesmente maltratados com críticas, pois eles não saberão defender-se. Sendo jovens, procurarão sempre a alegria e para tanto fingirão não dar atenção às críticas mas, se não aguentarem as pressões, tornar-se-ão agressivos em suas ações e em seu modo de falar pois, se não alcançaram a maturidade nos atos, também não o fizeram no discurso. Logo, se não dominam bem o modo de se expressar pela fala, como irão defender-se? São assim quase que empurrados a se comportar da forma que menos lhes agrada, agressivamente, o que no fundo tem o propósito de acabar rapidamente com uma discussão em que eles certamente seriam os perdedores.

Em ambos os casos, acredito que eles sofrem bastante; porém, ao contrário do que explode, o que se cala sofre mais, não apenas com a intolerável tortura de ser criticado, mas principalmente porque corre o risco de acreditar nessas críticas. Dessa forma, eles irão correr o risco de se descaracterizar e perder-se de si mesmos, entregando-se à tristeza e ao degosto pela vida.

Para que todos entendam melhor a dificuldade de ser um filho de orixás jovens em um mundo dominado pelos maduros, peço que se lembrem de sua adolescência, quando tinham dificuldades para entender a si mesmos, quando já não eram mais crianças e já tinham o corpo desenvolvido, mas ainda não eram adultos. Da mesma forma, os jovens de cabeça, não interessando que idade tenham, sempre agirão como se estivessem nessa fase da vida, pois é essa a idade que os influencia.

Podemos ilustrar a situação contando o caso de uma criança que certa vez veio ao terreiro. Era o menino mais travesso da sua rua; vivia para e pelas brincadeiras, sem se importar com a hora ou o lugar; enfim, era um verdadeiro "pestinha". Durante a sessão, ele perdeu o medo e, em um afã de investigação, veio pedir a bênção ao preto-velho, como via todos os outros fazerem. Pois bem, meu guia, não apenas deu-lhe a bênção, mas fê-lo sentar-se e disse-lhe algo assim:

"– Meu filho, eu sei que você é muito jovem para entender a vida, porém quero lhe dizer que seja sempre brincalhão, que use e abuse de suas molecagens. Se os mais velhos não o entenderem, não faz mal: eles nunca entenderão que o que você faz é por gosto, não por má-criação. Não se importe, não fique chateado. Se eles não o entenderem, cabe a você entendê-los. O que você faz é por gosto, e isso é lógico, porque você é jovem e pensa como tal; se eles não são, como poderão entendê-lo? Desta forma, quando levar uma 'bronca', não finja entendê-los, entenda de verdade: eles são velhos, não sabem se divertir. Que bom que você não é!"

Após essa explicação, o velho pediu mais uma vez ao menino que não se aborreça e não finja compreensão ou perdão, mas que entenda os outros em seus cansaços de velhos, pois será melhor assim.

Para encerrar este assunto, desejo alertar aos pais de que os filhos de orixás jovens são os mais facilmente influenciáveis pelos demais. Serão eles que aceitarão provocações do tipo: "– Se não fizer isso, não é homem!", "– Se não fizer, é um bobo!", ou coisa parecida. A melhor arma contra isso é que eles sejam influenciados pela voz amiga e compreensiva da família pois, do contrário, correrão o risco de se aventurar até cometer deslizes e até se entregar a vícios. Serão levados não somente pelo gosto do que é novo, mas também para agredir seus opressores com ações já que, como dissemos, não sabem se expressar de forma adulta.

Falando agora com aqueles que já trilharam ou ainda trilham o caminho do vício, dizemos que não se deixem abater, que entendam que seus opressores não possuem suas características e, portanto, não podem compreendê-los. Esqueça-os! Abandone as noções de certo e errado deles pois somente assim, despindo-se de mágoas e rancores, você irá encontrar forças para combater qualquer das suas dificuldades. Entenda-os, para poder perdoar de fato e sem se ferir.

CAPÍTULO 6
ORIXÁS E SEXUALIDADE

A sexualidade dos filhos-de-terra pode criar situações desagradáveis entre os casais, quando os dois são desiguais em desejo e ímpeto sexual; a situação se complica ainda mais quando entram em cena os ciúmes, a possessividade, a insegurança e a desconfiança. Sob o ponto de vista da Umbanda, o ciúme e a natureza possessiva não podem ser considerados um simpls defeito pessoal, mas representam algo muito mais complexo. Sendo tudo que existe criado por Deus, esta forma de ser também o é: ela é uma das muitas dificuldades que os humanos deverão entender, combater e por fim enfraquecer; caso contrário, correrão o risco de pôr a perder uma boa relação, em função de seus acessos.

A prova de que o ciúme e a possessividade são dados pela Criação está em que eles podem ser detectados na leitura das linhas das mãos, o que indica que a pessoa nasceu com a característica. É necessário, portanto, que essa dificuldade seja tratada com respeito, e não com o descaso mostrado por frases como: "– Eu sou assim e não vou mudar." O modo correto de pensar a respeito disso seria: "– Eu sou assim e devo me convencer de lutar, para não pôr a perder aquilo de que tanto preciso", que é o respeito e a admiração do seu companheiro.

De acordo com a quiromancia, é a linha do coração que mostra como se define essa característica de personalidade. Esta linha começa na borda da mão, ao lado do dedo mínimo, e vai acabar entre o monte de Saturno (abaixo do dedo médio, dedo de Omolu) e o monte de Júpiter (abaixo do dedo indicador, dedo de Xangô). Esses montes, que representam as características de seus astros ou orixás, nos dizem que características predominarão; se a linha acabar abaixo do dedo médio, a razão e a sabedoria suplantarão as emoções descabidas; porém, se a linha terminar abaixo do indicador, Xangô, com seu modo guloso de ser, de quem quer tudo e todos para si, influenciará as emoções no sentido de tornar a pessoa mais possessiva. Se a linha acabar exatamente entre os dois dedos, isso poderá significar que os dois princípios estarão em harmonia, ou que o caráter amoroso da pessoa apresentará alternadamente mais influência de um e de outro.

A insegurança e a desconfiança são características dos filhos de orixás jovens que, como têm consciência de sua pouca maturidade, entregam-se a essas mesquinharias como forma de esconder sua incompetência por trás de uma fina nuvem de falsa fraqueza. Da mesma forma que o ciúme, a inseguran-

MONTE DE SATURNO

MONTE DE SATUR[NO]

LINHA DO CORAÇÃO

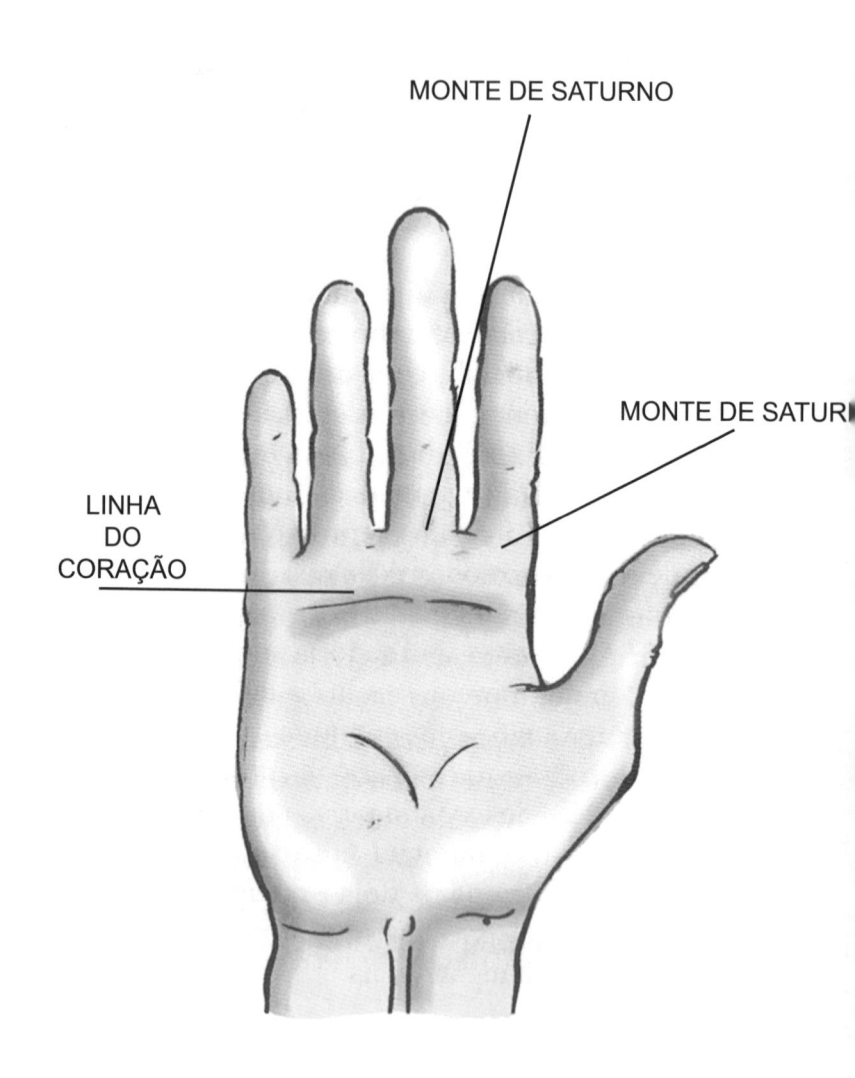

A LINHA DO CORAÇÃO

ça, que traz a desconfiança, deve ser combatida; mas a solução desse combate nunca deve ficar na dependência do com-portamento dos outros. De nada adianta dizer: "– Se você fizer por merecer, eu acreditarei na sua palavra." Os outros não irão mudar para ajudá-lo; você é que terá de se controlar, sem culpar ninguém por sua incapacidade.

Da mesma forma que os sentimentos em relação aos outros, a sexualidade também dependerá da natureza de cada um, da influência dos axés dos nossos orixás. Desta forma, em suas idades e lendas poderemos encontrar muitas respostas para as questões acerca da sexualidade.

Oxalá, Omolu e Nanã, sendo orixás idosos, certamente não podem dar a seus filhos características joviais, como o gosto pela sexualidade. Sabe-se, inclusive, que Oxalá foi o único entre todos os orixás que não teve nenhuma aventura amorosa, casando-se uma única vez com um dos tipos de Iemanjá.

Ogum, mesmo sendo considerado um orixá velho, representa a idade em que a masculinidade está na sua força máxima. Segundo suas lendas, casou-se com várias iabás (orixás femininos), como Iansã, Oxum, Obá e Iemanjá. É natural, portanto, que ele seja mais inclinado para a sexualidade que os demais.

Oxóssi e Xangô, sob o aspecto sexual, podem ser considerados orixás jovens. Entretanto, Oxóssi pode transmitir um certo grau de infantilidade, que não se dá bem com a sexualidade; o mesmo pode ocorrer, mas por motivo oposto, com as variedades mais idosas entre as doze formas de Xangô.

Entre as mulheres, as mais fogosas serão as filhas de Iansã que, por ser muito jovem e atrevida, aparenta mais acentuadamente essa forma de ser. Já entre as sete Iemanjás e as dezesseis Oxuns, a intensidade da sexualidade dependerá de suas idades.

Dizem os cientistas que um hormônio é o responsável pelo desejo e pelo vigor sexual que uma pessoa possa vir a ter. Esse hormônio é produzido pelo nosso corpo em quantidades que variam de pessoa para pessoa. Seu uso por pessoas que nunca tiveram um orgasmo transforma radicalmente sua vida sexual, provocando um aumento de vigor e também mudanças em características corporais; as características físicas que cria permitem uma comparação entre os efeitos hormonais e as influências dos orixás. Assim, os filhos de Ogum e de Xangô, que, entre os orixás masculinos, são os de maior sexualidade, têm a voz mais grossa e, dependendo da raça, mais pêlos no corpo que os demais; as filhas de Iansã, em que é mais forte a sexualidade feminina, têm a voz mais rouca que as filhas das outras iabás. Os filhos dos outros orixás têm a voz mais doce, fina e desafinada.

Tudo que até aqui foi dito permite concluir que, se um dos membros de um casal, sem qualquer razão aparente, apresenta sempre menor disposição amorosa que o outro, isso significa que ele simplesmente tem menor interesse sexual que o outro; e de nada adianta procurar soluções mirabolantes, nem culpar a um ou a outro pelo fraco desempenho do casal. Em contrapartida, se um dos dois expressa a falta que lhe faz a carência de vida sexual e o outro nada faz para ter um melhor desempenho, este último não poderá reclamar nem cobrar fidelidade cega por parte do parceiro.

É freqüente que as pessoas envolvidas com o problema da fidelidade digam: "– Eu sou assim e não vou mudar", ou: "– Não me sinto forte para tentar." Para essas pessoas, o conselho é que não se esforcem simplesmente para mudar, mas procurem compreender o outro, pois nada irão ganhar com suas imposições.

Contam as lendas que, com exceção de Oxalá, todos os orixás tiveram vários casamentos e conflitos amorosos. Essas lendas podem ser vistas como descrições dos eventos da nossa vida, já que seus personagens podem ser encarados como os pais e as mães de nossos comportamentos, caráter e personalidade. Sendo assim, podemos afirmar que a fidelidade não é uma lei fixa e natural, mas um relacionamento que deve ser tratado, cultivado e incentivado ao longo da vida: se somos filhos dos orixás, e se estes procuram a felicidade a qualquer preço, por que seremos diferentes deles?

A questão da sexualidade entre os casais pode ser ilustrada com uma consulta que certa vez presenciei. Tratava-se de um filho da casa que costuma vir ao terreiro fazer suas obrigações a Exu, e ouvir seus conselhos. Em muitas de suas visitas, ele deixava clara a intenção de pedir ao guia ajuda para ter facilidades na vida amorosa. Apesar de ser feio e malfalante, perguntava sempre ao guia, embora sob forma de brincadeira, se ele não poderia ajudá-lo a conseguir amantes, já que, embora estivesse sexualmente insatisfeito diante das constantes negativas da esposa, não pretendia desfazer o casamento, que lhe proporcionava consideração diante dos conhecidos e dos filhos.

O Velho sempre desconversava até que, certo dia, respondeu diretamente:

"– Meu filho, o destino é soberano; se ele pôs vocês debaixo do mesmo teto, deve ter seus motivos; portanto, não lhe adiantará fugir dessa situação. Você deve encará-la, combatê-la, até que de alguma forma saia vencedor. Para tanto, você só tem a lhe servir a inteligência e a obstinação; sendo assim, vamos ver se você está pensando acertadamente.

Para começo de conversa, você se coloca no alto do pedestal de suas razões e diz a respeito de sua mulher: 'Ela não me serve; ela não se esforça; ela só me nega. Será que eu sou tão ruim? Será que não faço por onde? Quando será que este tormento terá fim?' Você, com sua necessidade a lhe incomodar os nervos, não consegue entender que todas essas perguntas poderiam ser substituídas por apenas uma afirmação: 'Ela não me entende'.

Agora veja bem: se ela não o entende, é porque não tem a sua cabeça, não é servida pelas mesmas influências de seus orixás. Se você, no auge da sua irritação, pode pensar qualquer coisa que representa que ela não o entende, lembre-se de que toda situação tem dois lados: pelo lado dela, ela estará pensando a mesma coisa: 'Ele não me entende'. Esses desentendimentos nunca serão resolvidos enquanto cada uma das partes quiser, como em um jogo de cabo-de-guerra, impor somente a sua vontade, o seu ponto de vista. Os dois são diferentes, têm intenções distintas e querem a mesma coisa: ser feliz pelo meio impossível que é moldar seu companheiro à sua vontade. Já que a impossibilidade de fazer isso é clara, só resta aos dois sentarem e, de mãos dadas, tentarem encontrar soluções onde cada um, desfazendo-se de parte de suas vontades, se esforce para servir ao outro, em prol da intenção comum que é viverem bem, serem felizes juntos."

Já que, de certa forma, está provado que cada um terá mais ou menos vigor que o outro, é preciso que cada um atente para a necessidade de servir ao seu companheiro. Se, sem dar importância ao próprio comportamento, a pessoa apenas se queixar da infidelidade do outro, poderá pôr tudo a perder, pondo em risco sua união, sem levar em conta o que tem de mais importante, que é o amor dos filhos, o lar e a base familiar.

CAPÍTULO 7
SENSUALIDADE FEMININA

O problema discutido neste capítulo é praticamente a continuação do anterior, enfocando mais especificamente as angústias femininas. O exemplo uti-lizado será uma filha de Oxum; mas isto não significa que todas elas são iguais, uma vez que esse orixá pode apresentar-se com várias idades e que, por ser de temperamento delicado, aceita com facilidade as influências dos outros orixás; ou que a discussão servirá somente a elas, já que abrange situações que podem afligir a qualquer mulher com dificuldades em sua vida sexual.

A maioria das Oxuns tem um ar doce, calmo, materno, e uma sensualidade apuradíssima; porém, tem pouca disposição sexual. Mesmo as muito jovens, que ainda não experimentaram esse descaso pelo sexo, certamente o sentirão ao longo da vida.

Muitas são as influências dadas por esse orixá que, por falta de atenção de suas filhas, podem transformar-se em negatividades. Sabendo-se que elas foram feitas para servir aos seus semelhantes, poderão vir a estimular um tipo de dependência em seus parceiros para sentirem satisfação pessoal, alegria e felicidade.

A filha de Oxum, não apenas por vontade própria, mas principalmente por causa de seu axé, dará mais do que receberá no aspecto pessoal ou no familiar; por causa disso, muitas vezes fará reclamações descabidas, alegando que todos são egoístas e que ninguém a ajuda ou entende. Essas lamúrias poderão chegar a tal ponto que, o que no início era feito para chamar a atenção dos outros, terminará por tornar-se uma verdade para elas.

Outra situação que faz a filha da Oxum correr o risco de se enganar na vida é o fato de estar sempre disposta a ouvir e falar com qualquer um. Sua ingenuidade não costuma separar a voz amiga da intrigante, e muitas vezes isso a faz tomar atitudes que não são de seu axé. Se a filha de Oxum estiver perdida em seu axé, entregando-se a lamúrias, diante de alguém que a aconselha de modo tão convincente, poderá seguir seus conselhos e dar-se mal, primeiro porque fugiu à sua verdadeira natureza; segundo, porque seguiu quem se engana ao pensar que todas as mulheres são iguais; e, em terceiro lugar, porque muitas vezes esses conselhos não são sinceros, e quem a está incitando ao erro provavelmente não o está cometendo.

Por ser muito delicada e por, de certa forma, não acreditar em si mesma, a filha da Oxum torna-se alvo fácil da negatividade conjugal. Como já comentamos, ela tem necessidade de ser feliz pela felicidade de seu companheiro; porém, entregando-se a lamúrias, corre o risco de estressá-lo e entristecê-lo e, com isso, tornar-se-a mais infeliz e lamurienta. Para que tal círculo vicioso se rompa, é necessário que uma das partes tome a responsabilidade para si e combata essa negatividade. A esse respeito, descrevo os conselhos dados durante uma consulta com o Pai Mané Quimbandeiro.

A filha da Oxum chegou ao terreiro toda arrumada, bonita, penteada, exalando o charme doce de uma mulher comportada. Dizia-se irritada com os ciúmes do marido, fato que estava acabando com seu casamento. Mas não nos devemos prender a esse ciúme; a explicação do guia serve para qualquer dos outros problemas conjugais.

Pai Mané, sabendo que em sua frente estava uma mulher cheia de razão e que não era compreendida, começou a falar descrevendo-a de forma bem positiva:

"– Você, minha filha, é doce por natureza. Sua sensualidade, muito antes de servir à sexualidade, serve-lhe basicamente para ser feliz sentindo-se bela. Se os homens a olham e admiram com desejo, é problema deles, pois você quer apenas ser admirada."

Até este ponto da conversa, ia tudo bem; a mulher mostrava um enorme sorriso de satisfação por encontrar alguém que a compreendia. Porém, logo o rumo da conversa mudou e o sorriso passou a ter um toque de atenção, quando o guia continuou:

"– Sendo você delicada e sentindo-se de certa forma indefesa, nunca será como os fortes, que falarão abertamente sobre como são ou deixam de ser. Você, sempre que possível, se guardará e não se mostrará a ninguém pois, sabendo de sua pouca disposição para o enfrentamento, e calejada pela vida, na qual teve de ouvir o certo e o errado dos outros e se calar, terá sempre dificuldade em se fazer entender.

Desta forma, eu lhe digo que o que está fazendo é justamente o inverso de esperar por seu companheiro. Veja só: primeiro, você se põe linda e sai pela vida para ser admirada. Segundo, você diz que ele tem de entendê-la, como se fosse uma obrigação; essa obrigação não existe, pois ele não tem cabeça para a entender, e tampouco você se explica para ver se ele compreende. Terceiro, como você tem, de certa forma, a dependência de ser feliz se ele o for, condena-o ao papel de culpado ou incompetente, entregando-se a lamúrias e irritações por algo que você mesma criou e que ele não sabe administrar. Quarto, para piorar o círculo vicioso da fraqueza, da incompetência e do desentendimento, quando chega a hora de ir para a cama, por conta de sua delicadeza, fraqueza e falta de confiança em si, você, prevendo mais aborrecimentos, não quer correr o risco de plantar mais uma semente de discórdia; faz justamente o contrário do que deveria, que seria lutar por momentos felizes e, baseada na sua falta de necessidade orgânica, se nega àquele que está quase espumando de desejo. Isso cria um novo aborrecimento para ele, que refletirá em você, dando-lhe motivo para lamúrias infindáveis. Alguém terá de abrir os olhos! Ou os dois se esforçam para se compreender, ou serão tristes e mal-humorados para o resto da vida, pois até a opção do rompimento não é desejável, já que esses problemas irão se repetir numa provável nova união. Se, depois de tantas razões óbvias para o seu problema, você ainda quiser arrumar outro culpado, só poderá culpar erradamente sua mãe Oxum e colocar-se diante dela como uma pobre coitada; porém eu lhe digo que o problema não vem dela pois, se as filhas de Iemanjá insistirem em seus mandos e vontades, e se as filhas de Iansã não forem entendidas e respeitadas, poderão criar problemas bem similares aos seus. O problema vem de vocês, mulheres, que não entendem o poder que têm, que é o de tudo fazer sobre o bem-estar ou mal-estar familiar. Basta vocês quererem; se souberem compreender e usar bem seus axés, estarão dando um importante passo para o convívio positivo com companheiros e filhos. Se você responder que não é capaz de mudar ou que ele não merece tal esforço, mais uma vez estará se escondendo atrás de uma desculpa para não se ajudar. Antes de servir a alguém, você terá de servir a si mesma; se não o fizer, desculpe a franqueza, será por extrema burrice. Será burrice perder a vida porque não se esforçou para evoluir, a fim de chegar mais perto daquele que nos deu a vida, o Nosso Senhor Deus."

    Não é preciso dizer que, ao fim dessas explicações, a mulher já não tinha o mesmo sorriso, pois agora ele fora encoberto pela visão de suas culpas e enganos. Ao sair, um pouco assustada, perguntou ao velho:

"- Se ontem eu expulsei meu marido da cama, como é que vou fazer para chegar com outra cara em casa?"

O Velho respondeu:

"– Com sinceridade, minha filha. Chegue e conte a 'bronca' que tomou, pois só com a demonstração desta sinceridade é que você terá condição de também vê-lo com a mesma disposição."

Desejo deixar claro que, neste capítulo, não pretendi dizer que as mulheres são obrigadas a fazer sexo com seus companheiros; o que quis dizer é que elas devem cultivar o amor, o carinho e a emoção que servirão para manter acesa a chama da paixão, já que este poder é de propriedade delas, e não dos homens.

CAPÍTULO 8
PAIS E FILHOS

Este é um assunto que freqüentemente surge no terreiro. Entretanto, em vez de utilizar como exemplo uma consulta, como nos outros capítulos, comentarei sobre minha experiência pessoal. Sou filho de Ogum e tenho quatro filhos, cada um de um diferente orixá: a filha mais velha é de Iemanjá; depois dela vêm dois meninos, respectivamente de Oxóssi e Xangô; e a caçula é de Iansã.

Utilizando a experiência obtida na religião, esforço-me para não generalizar nada para eles; de cada um espero apenas o que é possível, e procuro não me aborrecer com as negatividades presumíveis; o máximo que faço é desestimular o lado negativo de cada um e incentivar o lado positivo. Por exemplo, quando a menina de Iemanjá, com sua voz mais doce, diz ser melhor que o irmão por ter tirado melhores notas no colégio, afirmo que isso só ocorre porque sua natureza lhe dá maior facilidade nos estudos. Em seguida, pergunto sobre as notas dos dois em matemática; nesse momento ela se cala e o outro, que sentia-se diminuído, fala orgulhoso que tirou dez; mas também se cala quando pergunto sobre as suas notas de português. Deixo claro para os dois, então, que não me deixo iludir com as facilidades naturais de cada um. O que espero é que se esforcem para vencer suas dificuldades: ficarei satisfeito se a menina tirar seis em matemática e se o menino tirar cinco em português pois, diante de suas dificuldades específicas, essas poderão representar as notas máximas.

É muito desgastante para as crianças a cobrança, por parte dos pais, de notas máximas em todas as matérias, pois vai contra a natureza da pessoa comum o desempenho ótimo em todos os assuntos.

Outro ponto de conflito, em casa e na escola, é a disciplina. Algumas crianças são mais calmas, outras são mais agitadas, e isso depende de sua natureza. Se os pais sentem necessidade de paz e tranqüilidade, pode ser mais conveniente para eles que seus filhos sejam todos serenos; mas eles não podem dizer que os brincalhões e barulhentos estão errados. As crianças que são criticadas simplesmente por serem mais agitadas, que são comparadas a irmãos ou amigos mais quietos, podem sentir-se desprezadas e indesejadas.

Às vezes, é um prazer para a criança ativa desafiar os limites. Minha filha caçula é um exemplo disso. Certa vez, quando suas primas andavam de mobilete (bicicleta motorizada), proibi-a de andar na garupa, por temer que se machucasse. Passado algum tempo, entrou ela em casa e, com um sorriso cheio de vida, disse-me, em sua linguagem infantil: "– Sabe onde é que eu fui? Fui onde eu não podia ir."

Na mesma hora compreendi que isso é o que eu ouviria dela pelo resto da vida. Tendo ela a natureza que tem, por mais que me ame, compreenda ou admire, sempre irá fazer o que achar conveniente, justo e certo por si mesma. Entendi que dela ouvirei muitas frases como: "– Sabe aquela professora que eu devia respeitar? Briguei com ela." Ou: "– Sabe aquele garoto esquisito? Estou saindo com ele." Ou ainda: "– Sabe a paciência que eu devia ter com os meus familiares? Não tive."

Se eu me deixar aborrecer com seu comportamento, conseguirei somente me afastar e ser desconsiderado por ela. Tendo ou não sua natureza, então, terei de entendê-la e respeitá-la, para melhor conduzi-la pela vida.

Meu filho de Xangô tem maior facilidade em dar-se com todos.

Certas mães pretendem que suas filhas se comportem segundo suas vontades e, para isso, usam de autoridade com elas; o problema mais sério nesse campo é o dos namoros e do desejo. Não adianta, entretanto, que a mãe represente o papel de agredida e insultada pelo comportamento da filha: isso somente servirá para afastá-la do respeito esperado. A única forma de lidar com o problema é estar sempre por perto e demonstrar que é seguro para a filha compartilhar seus segredos; assim, sabendo o que se passa, a mãe poderá aconselhá-la, mas sempre com o cuidade de respeitar a natureza da jovem e não ferir seus princípios.

Tenho experiência direta deste assunto com minha filha mais velha; minha atitude é não proibir nem colocar obstáculos para seus namoros. O que faço é controlar meu ciúme de pai e aconselhá-la, dizendo que nesses assuntos mais vale o aprendizado pela brincadeira do que pela seriedade precoce, e que ela nunca deve deixar-se envolver a ponto de anular sua própria vontade e servir à vontade alheia.

O que desejo deixar claro aos pais é que eles devem tentar entender melhor a natureza de seus filhos, para melhor educá-los e conduzi-los pela vida. Em meu primeiro livro, Orixás: Comportamento e Personalidade de seus Filhos, os pais poderão encontrar explicações úteis para seu melhor entendimento pessoal e para o melhor convívio com seus filhos.

TERCEIRA PARTE: RELIGIÃO EM DEBATE

CAPÍTULO 1
QUASE CEM ANOS DE UMBANDA

Nos primeiros anos do século XXI, a Umbanda estará completando seu primeiro centenário.

Na época do seu início, quando o Caboclo das Sete Encruzilhadas, incorporando o médium Zélio de Moraes, enfrentou a cúpula Cardecista de Niterói e fincou sua bandeira, já existia no espiritismo, além da influência das religiões milenares (Catolicismo, Protestantismo, Judaísmo), a incorporação cultural das regras e magias dos Candomblés da Bahia. Paralelamente a isso, na mesma época, era comum no Rio de Janeiro a existência de pessoas com dons mediúnicos que apresentavam manifestações de almas de índios e de escravos.

Tal situação era constrangedora: os cardecistas não a aprovavam; e as leis do Candomblé afirmavam que só os orixás tinham direito de se manifestar, sendo as demais entidades classificadas como Eguns (almas de mortos recentes).

Essa situação, que até hoje confunde leigos e filhos-de-santo, explica-se facilmente. Por questões de comércio marítimo, os africanos que os navios negreiros traziam para a Bahia e para Pernambuco eram provenientes das nações vizinhas da Nigéria, enquanto o resto do Brasil era povoado por negros do sudoeste africano. Essas duas regiões têm raízes religiosas diferentes. A Nigéria e as nações próximas ao golfo do Benin são o berço dos orixás. Lá, o culto aos deuses era coordenado por um babalorixá que, com a ajuda dos búzios do babalaô, servia e rogava aos axés dos orixás.

Porém, enquanto na Nigéria o babalorixá era o responsável tanto pela coordenação da casa religiosa quanto pela ligação dos homens e seus pedidos aos orixás, no sudoeste africano (Angola, Moçambique, Congo) os regentes e coordenadores das casas religiosas dividiam tais responsabilidades com o culto às almas, que eram as intermediárias entre os deuses e os homens. Essas almas eram, para eles, que tinham as credenciais para coordenar nossos destinos.

Assim, o Caboclo das Sete Encruzilhadas, que é certamente uma alma credenciada por nossos orixás, instalou a Umbanda no Rio de Janeiro e deixou claro que, diferente dos Candomblés da Bahia, onde o homem é feito para servir como sacerdote à comunidade e aos orixás, na Umbanda, embora o médium e o coordenador da casa tenham seu valor e importância, a seita será sempre regida e coordenada por suas Almas (pretos-velhos, caboclos, boiadeiros, guias-exus etc).

Ao contrário das rígidas regras do Candomblé, o Caboclo das Sete Encruzilhadas não ditou formas de comportamento para os trabalhos. Assim, o que se viu nesses quase cem anos, foram diversas formas de se fazer Umbanda. Das duas que se destacaram, uma permanece como era no início do século XX: a forma que louva as almas e delas tudo espera.

A outra é a que incorporou a filosofia do Candomblé e utiliza as almas para colher o que pede aos orixás.

No Rio de Janeiro, Candomblé e Umbanda costumam andar de mãos dadas, na maioria das casas. É comum ver, nas casas de Umbanda, as mulheres vestidas de baianas e o oferecimento de ebós simples como pipocas, mingau de creme de arroz e padês (farofa com temperos). Também é comum encontrar, nas casas de Candomblé cariocas, várias almas a dar consultas e a jogar búzios.

Se o Caboclo das Sete Encruzilhadas não determinou a forma como as almas deveriam comportar-se, nós, homens e mulheres, que não passamos de almas encarnadas, menos poderemos fazê-lo.

Existe por parte de alguns umbandistas uma certa aversão contra a influência dos Candomblés na Umbanda. Essa aversão nasce por dois motivos. O primeiro é o desconhecimento da bela filosofia de servir aos orixás; o segundo é a indecisão de certos médiuns em esforçar-se mais que suas conveniências sociais mandam.

Nem todos os umbandistas, entretanto, têm a obrigação de seguir a mesma linha. Quem escolhe a forma de fazer Umbanda não é o médium, mas sim suas almas: são elas que, no decorrer da vida mediúnica de seus "aparelhos", poderão ou não fornecer o caminho para a informação sobre a filosofia do Candomblé. Assim, não se pode condenar um médium por não seguir as normas de uma forma específica. O que é imperdoável é aquele que, por pura teimosia, insiste em não querer ver os ensinamentos que os guias colocam em seu caminho.

Aquele que se convencer de que sua forma de fazer Umbanda é a única certa, errará por diversas razões, mas principalmente porque se iludiu, pensando que a forma lhe pertence; lia verdade, a escolha foi feita por suas almas, que a faz sempre de acordo com a capacidade mediúnica de seu aparelho, em cada época da sua vida, e não de acordo com as preferências pessoais do médium.

CAPÍTULO 2
MEDIUNIDADE, OBRIGAÇÃO E SACRIFÍCIO

Este capítulo falará mais aos médiuns de incorporação; porém os conceitos e ensinamentos aqui expostos, que visam a garantir o bom relacionamento com os guias protetores, servirão para todos.

Muitos médiuns chegam ao terreiro com problemas em sua vida cotidiana, causados pelo não cumprimento de seus compromissos espirituais, já que se recusam a aceitá-los como obrigações.

Quem nasce com o dom de ser médium de incorporação, muitas vezes olha o que ocorre ao seu redor e diz:

"– Eu quero ser igual aos outros."

No decorrer de sua vida, o indivíduo de alguma forma foi informado de que tinha uma missão a cumprir, mas obviamente não gostou de tal responsabilidade.

A partir da identificação de uma pessoa como médium, começam as cobranças e as ameaças, sugerindo que, se ela não fizer nada a respeito, sua vida irá "dar para trás", a sorte não lhe favorecerá, ela poderá adoecer e sofrerá muitas outras coisas. Tais afirmações são correntes na voz popular. Quem trabalha nos terreiros, entretanto, sabe que essas afirmações são verdadeiras, já que refletem as histórias de muitas pessoas que por ali passam.

Meu preto-velho explica aos médiuns que o consultam que, gostem ou não, eles fizeram um trato, antes mesmo de seu nascimento, de que iriam, por força do destino, entregar-se à religiosidade mais intensamente que as demais pessoas, de modo a servir como exemplo de fé e de interesse pela evolução pessoal.

Partindo da premissa de que a evolução é a real finalidade da vida, o preto-velho explica que os médiuns, ao contrário daqueles que não o são, sofrem no seu dia-a-dia uma cobrança forte e constante por parte daqueles que os acompanham: seus guias e protetores.

Mas, por que é que isso ocorre? A explicação que ele nos dá é simples. Os exus e os quiumbas, que formam o nível mais baixo dos guias que nos acompanham, estão também, como nós, à procura de sua evolução. Eles sabem que, se seus filhos não respeitarem a magia da vida e o destino traçado pela Criação, nem seus protegidos nem eles alcançarão a evolução. Sendo assim, os guias-exus utilizam o poder de seus axés para deixar claro aos seus filhos que, sem o axé de Exu, eles não terão na vida segurança, firmeza, dinheiro, trabalho, sucesso, sorte, caminhos abertos nem um bom relacionamento amoroso.

O consulente, nesse momento, percebe as razões do tipo de vida desagradável que vem vivendo e fica convencido de que, se não tomar alguma decisão, nada irá mudar. Assim, embora não por seu inteiro gosto, nem por fé, aceita a afirmação de que é uma atitude tola continuar teimando em não dar nada de si à religiosidade.

Se o consulente mostrar-se inclinado a servir à mediunidade, ele é imediatamente encaminhado aos trabalhos de desenvolvimento, que consistem em sessões específicas de ajuda ao iniciado na complexa sensação da incorporação.

Porém, esses não são a maioria. Quase todos procuram, por meio de alguma desculpa, fugir das dificuldades que a religião impõe: dizem que não têm tempo disponível; que os pais, parentes ou amigos o reprovariam; que não se sentem aptos para tanto; e, por fim, que morrem de medo. Mas quase sempre essas desculpas são contornáveis. Sem pretender avaliar ninguém por mim mesmo, mas apenas dando-me como exemplo, posso dizer que, em minha família, não existe ninguém que pratique essa religião; quanto à questão do tempo disponível, tenho uma firma que ocupa grande parte dos meus dias; tenho quatro filhos, de dois casamentos diferentes, que recebem igualmente minha atenção; moro distante do trabalho e, ainda assim, consigo destinar uma média de vinte e cinco a trinta horas semanais às minhas obrigações de santo. Quanto ao medo e às dúvidas sobre a aptidão, é claro que as senti, pois isso é normal; mas podem ser superadas.

Posso lembrar ao médium indeciso que sua evolução, tanto de vida como mediúnica, é feita em co-responsabilidade com seus guias. Sendo assim, tudo que depender da organização do dia-a-dia, como tempo, facilidades e aceitação pelos outros, será criado por eles que, além de terem o poder de preparar cada dia do nosso destino, também têm interesse em nossa vitória espiritual, pois a deles dependerá da nossa.

Dizem os meus guias que existem quatro formas de se encarar a mediunidade. A primeira delas é nada fazer. Dela já falamos o bastante: o indivíduo que a escolhe perde o respeito e a amizade de seus protetores; os guias-exus como que se afastam, deixam-no despido de seus axés, fazendo com que sua vida pareça estar toda confusa.

Na segunda forma, se o médium não estiver disposto a desenvolver sua mediunidade, deverá fazer oferendas a seus guias e orixás, a fim de que não passe pelo desgosto de sofrer em seus pensamentos a influência da insatisfação e dos ataques de seus guias-exus.

Embora não deseje que isto seja encarado como uma ameaça, gostaria de esclarecer que quem opta por não exercer a mediunidade estará passando-a como uma herança a um parente próximo, ou escolhendo pagar o quinhão de sofrimento que rejeitou – pois a mediunidade é, de certa forma, um sacrifício – sob a forma de pesares ao longo da vida.

A terceira forma de encarar a mediunidade é a mais completa: é quando o médium, além de trabalhar no terreiro, cumpre suas obrigações com os guias e orixás. Aqui, embora se encontrem as dificuldades óbvias da dedicação ao santo, recebemos como compensação a religiosidade que tanto ajudará a desenvolver valores morais, como éticos e até mesmo materiais, o que muito pesará no grau de evolução que o médium alcançará na vida.

    A quarta e última forma de lidar com a mediunidade é quando o médium, embora freqüente um terreiro, não faz as oferendas devidas aos seus guias e Orixás, por desinformação pessoal ou de quem rege os trabalhos. É de suma importância que os médiuns cumpram com suas obrigações e oferendas pois, do contrário, mesmo que estejam servindo aos seus guias, poderão sofrer conseqüências semelhantes às dos que nada fazem. A explicação disso é simples: para Exu não existe meio-termo; para ele é "tudo ou tudo" e, o que não for tudo, será nada.

    Desejo realçar ainda o ganho em termos pessoais, na vida quotidiana, obtido por todo aquele que tem a oportunidade de encontrar o caminho de servir seus guias através de ebós ou obrigações. A esse respeito cito os conselhos do meu guia, "Pai Mané Quimbandeiro". Esse preto-velho é, como todos os quimbandeiros, traçado com Exu; assim, embora venha da Linha das Almas, apresenta uma certa impaciência em suas palavras.

    Quando ele cuida pela primeira vez de um filho, demonstra uma paciência que não tem; com seus argumentos, diz ao consulente que somente a partir da renovação dos votos de amizade e respeito entre o médium e seus guias é que tudo voltará a ter firmeza em sua vida, já que são seus próprios guias que o atormentam, pelo fato de se terem afastado.

    Alguns médiuns dão prosseguimento aos trabalhos encomendados e retornam à consulta apenas para agradecer ao guia pelos resultados obtidos. Mas, os que gostam de se martirizar e, mesmo percebendo que tudo caminha melhor em sua vida, retornam e insistem em suas lamúrias. Quando isso ocorre, Pai Mané despe-se de sua falsa paciência e diz:

"– Meu filho, hoje você tem outra cabeça; não existem mais guerras em seus pensamentos; eles estão lhe servindo como você não imaginava mais ser possível; não estrague agora você. Tenha fé, que o que for possível seus guias-exus, agora satisfeitos, irão fazer acontecer no tempo possível."

CAPÍTULO 3
RITOS E FESTEJOS NA UMBANDA

A alegria das festas da Umbanda não é sinal de desrespeito nem de desordem. Só poderá criticar a Umbanda aquele que não gosta de cantar, dançar, beber e comer bem, em um clima de alegria. As casas de Umbanda, regidas pelas almas que trabalham a partir da filosofia do Candomblé, incorporaram a seus cultos a alegria e a forma festiva de servir à fé.

O samba é o que melhor define as festas umbandistas. A palavra samba surgiu de certa forma nos antigos terreiros de macumba onde, ao som dos atabaques, certas mulheres tinham como função dançar os ritmos que agradam aos orixás. Esses movimentos, hoje em dia, são dançados nos terreiros por todos os participantes; mas no início do século XX, eram função exclusiva daquelas que eram um tipo de Equédi (na linguagem do candomblé) chamada "samba". Assim, quando as "Sambas", que dançavam ao som dos atabaques nos terreiros de macumba, foram também dançar nas rodas de divertimento pagão, todos logo associaram o ritmo dos batuques ao nome de quem os sabia dançar, desses ritmos nasceram todos os tipos de samba.

A cada mês, em todos os terreiros, os atabaques são afinados para louvar a algum dos orixás com cantos, danças e oferendas; e, por meio de centenas de pontos cantados, com muita alegria e descontração, os filhos-de-santo dançam os ritmos sagrados.

Existe algo importante a ser dito em relação às oferendas na Umbanda. Existe entre os umbandistas um certo desgosto quanto ao ofertamento de ebós; mas esta atitude nasce, ou do desconhecimento a respeito do assunto, ou da conduta de alguns responsáveis por casas de caridade que preferem falar mal daquilo que não conhecem, em vez de admitir diante de seus comandados que desconhecem o assunto.

As oferendas, embora guardem mistérios somente conhecidos por aqueles que as sabem fazer, têm seus fundamentos na simples regra da ação e reação. Toda vez que uma pessoa precisar do axé de um dos orixás, bastará ofertar-lhe algo que represente da melhor forma possível esse axé para que o orixá, de certa forma, seja obrigado a enviar-lhe de volta seu poder. Não devemos, entretanto, confundir pedidos justos com exigências tolas, já que somente aquilo que é certo de acordo com as regras do destino terá chance de acontecer ou de ter continuidade.

Os símbolos do axé são os objetos ligados ao orixá. O que é necessário ter em mente é que tudo que existe em nosso planeta faz parte do domínio de um dos orixás; assim, para agradar a um deles, bastará reunir as flores, os frutos, as cores, as bebidas, os cereais, os temperos e os animais de seu domínio. Assim, por exemplo, se uma pessoa estiver doente, deverá ofertar a Omolu, dono do axé da cura, seus alimentos e objetos, como pipoca, água mineral e velas.

Nas festas do calendário comemorativo dos terreiros, é como se, cada mês, um grupo de pessoas se reunisse para tocar um samba acompanhado por comidas e bebidas; só que, no caso do encontro de cunho religioso, as bebidas, os cereais e as carnes não serão compradas ao gosto dos participantes, e sim ao gosto do orixá a ser homenageado.

O preparo dos pratos também não é feito por qualquer um; eles são da responsabilidade dos filhos-de-santo que, além de terem "permissão de mão", foram preparados para essa atividade.

Durante as festas, os religiosos, além de ofertar os pratos de alimento que fazem parte de suas obrigações, também terão a oportunidade de alimentar-se deles; assim, também se alimentarão do axé do orixá homenageado.

Muitos reprovam o uso do sacrifício de animais durante os ritos de Umbanda. É preciso lembrar, entretanto, que a morte desse animal não é inútil pois, além de ele ser do domínio do orixá homenageado, que recebe a cabeça, o rabo, os pés, as asas, o couro e as penas, sua carne será servida como alimento durante a festa. Além disso, ao contrário dos animais que forneceram a carne comprada no açougue para os churrascos das rodas de pagode profanas, os que são sacrificados morrem de forma ordeira e respeitosa, nos terreiros, em um ritual secular, para que o oferecimento seja aceito pelo orixá.

CAPÍTULO 4
CONVIVÊNCIA ENTRE RELIGIÕES

A pior atitude que um religioso pode ter é o preconceito contra os seguidores de outras religiões. Se um religioso se considera filho de Deus, e se este nos ensinou a não julgar nossos semelhantes e a demonstrar a eles amor fraterno, é um absurdo a luta por ideologias religiosas que, ao longo da história, já produziu algumas das guerras mais sangrentas.

Se cada religião fosse um time de futebol, Deus, se quisesse formar um time de seleção, escolheria os melhores jogadores de cada time, sem restrições a nenhum segmento religioso; e se um jogador sonha em pertencer a essa seleção, certamente não o conseguirá agredindo seus colegas de profissão.

O preconceito aparece entre todos os grupos. Por exemplo, minha mãe-pequena, quando já tinha idade para aposentar-se no santo, encontrou em uma igreja evangélica ima lugar onde o modo festivo de louvar ao Senhor a cativou; mas isso tornou-a alvo de críticas por parte de seus antigos companheiros de religião.

Mas o inverso também se dá com intensidade; a perseguição dos cristãos, por exemplo, contra outras religiões é prática universal, e afeta diretamente o quotidiano da Umbanda hoje. Depois que os colonizadores europeus, na Nigéria, compararam o grande orixá Exu ao diabo cristão, tornou-se comum a acusação de que os espiritualistas são adoradores do diabo, incluindo nessa denominação, de forma irracional, toda e qualquer entidade espiritual, já que, para esses críticos, somente Jesus pode ser visto como agente do bem a serviço de Deus. Eles se esquecem, entretanto, de que Jesus, durante sua vida, não teve o menor interesse em ficar só, cercando-se de discípulos e apóstolos que continuaram seu trabalho; e que, no mundo espiritual, ele se cerca certamente pelas diversas linhas e falanges de espíritos que servem a Deus.

A respeito desse assunto, meus guias dizem que as pessoas que tiverem inclinação para uma determinada linha religiosa não devem se opor a essa tendência somente porque, alguma vez, precisaram freqüentar um terreiro. O terreiro serve àqueles que, entendendo seus fundamentos, o usam para louvar Deus, os orixás e todas as linhas que os servem; mas também serve a todos que, sendo ateus ou religiosos, tenham necessidade de ser aconselhados ou trabalhados no aspecto material ou no espiritual. São muitas as pessoas que, sensíveis a algum tipo de mediunidade, sofrem por cargas do destino ou de negatividades momentâneas; essas pessoas não precisarão necessariamente ser umbandistas para ter direito de entrar em um terreiro. O terreiro está aberto a todos os filhos de Deus, que muitas vezes o usam como um consultório médico que, em vez de tratar do corpo, trata da alma, do destino e do combate às negatividades. Ninguém que venha a usar seus benefícios precisará dizer que tornou-se umbandista, da mesma forma como não faz sentido alguém dizer que é católico praticante somente porque foi batizado ao nascer.

É com base nesses argumentos que meus guias insistem em que as pessoas se beneficiem da louvação a Deus, que demonstrem sua fé nas igrejas, nos templos ou nas mesquitas, pois só assim terão o gosto de se banhar no axé de Deus ou de seu Filho. As igrejas ou os templos das diversas religiões nos servem para alcançarmos o maior grau possível de religiosidade e espiritualidade; é por meio dessa sensação evolutiva que conseguiremos seguir a estrada que nos levará mais próximo de Deus.

Porém, o axé de Oxalá é da paz, da vida e da criação. Se o religioso necessitar de outro axé, como os de maternidade, justiça, fertilidade, comando, vitória, aventura, sabedoria, limpeza espiritual e saúde, ele não deverá sentir-se mal por procurar os babalorixás do Candomblé ou os pretos-velhos da Umbanda, pois certamente esses, com seus conhecimentos, terão mais condições de servi-lo por intermédio do orixá dono do axé pretendido, do que as igrejas, ricas somente no axé de Oxalá.

A doutrina da Umbanda oferece uma explicação para as diferenças existentes entre as várias religiões. Segundo sua ótica, cada religião somente poderá apresentar aquilo que existir na cabeça de seus dirigentes, de acordo com a classificação dos tipos de personalidade em função das influências dos orixás. Uma característica de muitos dirigentes religiosos é a influência de Xangô, como primeiro ou segundo orixá de suas cabeças. Os filhos de Xangô têm o poder de ser "políticos" o suficiente para sempre fecharem os melhores negócios e para sentirem necessidade de serem poderosos. Isso não significa, entretanto, que todos os dirigentes sejam assim; muitos não querem nada para si, são apenas homens de fé que procuram levar a seus irmãos uma mensagem positiva.

As regras de algumas religiões privilegiam a castidade e a obediência às normas; elas são características importantes para quem deseja integrar o grupo coordenador dessas religiões. Isso deixa claro que os axés dos elementos fogo (a sexualidade) e ar (curiosidade) não deverão influenciar suas cabeças; logo, esse grupo não poderá incluir filhos de Ogum (fogo), de Oxóssi e Iansã (ar); a parte dos filhos de Iemanjá, Oxalá (água e fogo) e Xangô (fogo e terra) em que a influência do fogo for mais forte; e os filhos de Oxum mais fortemente influenciados pelo ar.

Logo, essa coordenação pertencerá a homens com influência dos elementos terra e água, representados pelos filhos de Omulu e Nanã (terra), que primam pela vicia regrada e disciplinada; pelos filhos de Iemanjá e Oxalá que, tendo com maior influência a água, possuem o sentimento fraterno e familiar tão necessário à vida religiosa, que se soma ao tempero do fogo, que também é dono do axé da fé, da esperança e do idealismo; pelos filhos da Oxum que, sem a agressividade do fogo, conseguirão aí exercer o aspecto mais belo de sua natureza, que é servir ao próximo; e por fim por alguns filhos de Xangô que, mesmo tendo sexualidade, são capazes de muitas coisas para atender à própria necessidade de se imporem socialmente.

Conhecendo o perfil desses dirigentes, podemos entender por que algumas de suas leis são consideradas utópicas pela maioria dos humanos. Essa visão nasce de um grande mal-entendido induzido pelo próprio Criador, que fez nosso planeta influenciado por axés ou elementos naturais tão opostos; os seres humanos, entretanto, contrariando o conselho de Jesus, insistem em considerar errados seus opostos, considerando-se os únicos certos. Desta forma, podemos perceber que as leis de conduta dessas religiões servem mais para seus coordenadores, que muitas vezes não têm a agressividade, a sexualidade, o gosto pela aventura e a curiosidade, do que para seus filhos. Para os primeiros, tais leis não são utópicas porque, além de corresponderem à sua natureza, também correspondem à sua vida de certa forma protegida de outras leis de vida em sociedade. O problema surge quando essas leis passam a ser impostas às demais pessoas, que serão consideradas pecadoras se não as seguirem.

Considerando que, combinando os elementos naturais dois a dois, poderemos encontrar seis combinações diferentes de orixá e *juntó* segundo orixá que influencia a pessoa), perceberemos que um determinado grupo corresponderá sempre à sexta parte do total de pessoas, não podendo impor suas regras a todos.

A Umbanda é a religião que leva em conta essas diferenças. Pai Mané Quimbandeiro, guia que usa meu corpo mediúnico para consultas, diz que "– Ainda bem que o Brasil inventou essa tal de Umbanda" pois, caso contrário, seria quase impossível eu exercer meu lado religioso. De fato, sendo eu de família católica e educado em colégios de padres, sempre admirei o trabalho fraterno e de fé, e desejava segui-lo. Mas sou filho de Ogum (fogo) com junto da Oxum (com maior influência do ar); assim, ao chegar aos meus 12 anos, comecei a interessar-me pela sexualidade e percebi que não poderia ser padre.

Chegada a minha maioridade, conheci o espiritismo e soube de meus dons mediúnicos. Nesse tempo, não mais me imaginava à frente de qualquer serviço religioso, já que encarava a Umbanda como uma religião confusa e sem parâmetros, e não poderia participar do Candomblé que, como o Catolicismo, exige a castidade prolongada de seus filhos durante certos ritos. Mas, com o passar do tempo, meus guias me ensinaram e me cativaram, e consegui entregar-me cada vez mais à religiosidade. Ao contrário do que aprendi na infância, a Umbanda me ensinou que não existe realmente pecado e que tudo é criação de Deus.

Mas o maior motivo para que não exista pecado na Umbanda está nos seus coordenadores. Aqueles que imaginam que a Umbanda é regida pelos pais e mães-de-santo se enganam. Ela é regida pelos guias que incorporam neles. São eles que, pela humildade e sabedoria, abraçam e abençoam o bandido e o policial, o injustiçado e o advogado, o rico e o pobre, o branco e o negro, o homem, a mulher e o homossexual. Durante suas consultas, os guias espirituais não privilegiam sua filiação de santo. Para eles, todos os filhos de orixás, independendo das possíveis oposições à sua própria forma de ser, estão sempre certos. Assim, diferente dos homens, que regem suas religiões a partir de seus conceitos pessoais, nossos pretos-velhos e caboclos regem a Umbanda com respeito à forma divina de ser de todos os seres humanos.

Eu nunca ouvi Pai Joaquim d'Angola dizer a um consulente que ele estava errado. Sempre com muito tato e diplomacia, dizia que eles estavam certos, mas que isso não lhes dava o direito de agredir deliberadamente a sociedade que os rodeava. Era sempre com a idéia de que não existe um tipo de personalidade melhor que a outra e que todas devem se aceitar e respeitar mutuamente, que ele conseguia apaziguar seus filhos. E esta mesma regra vale para os pais e mães de família, que também são coordenadores, para aconselhar e se entender com seus filhos.

Salve os católicos, os crentes, os budistas, os umbandistas, todos os religiosos de fato e também os ateus de bom coração.

Este livro foi impresso em novembro de 2015,
na Gráfica Impressul, em Jaraguá do Sul, para a Pallas Editora.
O papel de miolo é o offset 70g/m² e o de capa é o cartão 250g/m².